KLEINE NOTEN, DIE SICH MÖGEN

Kleine Noten, die sich mögen

von Richard Wurmbrand

Stephanus Edition · Uhldingen/Seewis

Für die freundliche Mitarbeit der Übersetzerin
Frau M. Urban danke ich herzlich. R. W.

ISBN - 921213-40-1

Titel der Originalausgabe
„LITTLE NOTES WHICH LIKE EACH OTHER“

Aus dem Englischen von Frau M. Urban
Titelbild: E. Berdjas
Gesamtherstellung: Ebner Ulm
1. Auflage 1981

Als Mozart vier Jahre alt war, wurde er gefragt, wie er komponiere. Seine Antwort war, daß er einfach kleine Noten, die sich mögen, zusammensetze.

So habe ich es auch gemacht: Gedanken und Geschichten, die einander rufen, zu Papier gebracht. Das ist alles.

Zur Einführung

Vierzehn Jahre war ich in kommunistischen Gefängnissen von Rumänien eingekerkert. Vorher war ich auch im Gefängnis der Nazis. Von Zeit zu Zeit war ich in Einzelhaft, ca. 10 Meter unter dem Erdboden, ohne den Anblick von Sonne, Bäumen, Gras; nicht einmal ein Buch war mir erlaubt.

In solcher Situation ist der Mensch vor eine Wahl gestellt. Ich kann meine Wahl erklären, indem ich Ihnen ein japanisches Gemälde beschreibe, das ich seit dem ersten Anblick nicht vergessen habe. Das Gemälde zeigt uns einen Wohnraum, in dem eine prächtige Vase mit schön und künstlerisch geordneten Blumen auf dem Tisch steht. Neben dem Tisch ist ein Fernsehapparat. Auf dem Bildschirm – ein schauriges Bild: ein Mann schlägt einem andern Mann den Kopf ab. Die ganze Familie und einige Besucher stieren auf das Fernsehbild. Nicht einer schaut auf die wunderschönen Blumen.

Im Gefängnis kann man auf die unerbittlichen Wände blicken, auf die Eisengitter, auf die Ketten an den eigenen Händen und Füßen, auf die Folterer und ihre Werkzeuge. Aber man kann auch zu Gott aufblicken und auf die Welt der Engel schauen. Und man kann in der Phantasie die freundlichen Episoden seines Lebens wiedererstehen lassen. Christus half mir, dies zu tun. So geschah es, daß ich und andere unseren Glauben bewahren konnten, unseren Frieden und unsere Freude – selbst im Gefängnis. Die kommunistischen Folterknechte konnten uns nicht brechen.

Als der erste christliche Märtyrer vom Mob umringt war, der ihn mit Steinen bewarf, sah er nicht auf seine Feinde, sondern auf Jesus, der zur Rechten des Vaters stand, als wollte Er ihn zu sich holen. „Er entschlief", heißt es in der Bibel. Es war ein gutes friedliches Einschlafen.

In diesem Buch habe ich die sieghaften und frohen

Gedanken wiedergegeben, die mir im Gefängnis gewährt wurden, und noch einiges, das mir geschenkt wurde, als ich wieder frei war.

Ich habe nicht versucht, die Ideen und Geschichten, an denen sich mein Geist im Gefängnis genährt hat, systematisch zu ordnen. Hungrig, frierend, geschlagen, erniedrigt, ohne Schlaf gehalten – in solchem Zustand vermögen Gefangene nicht systematisch zu denken. Man hat einen Gedanken, erinnert sich an eine Geschichte, dann ist man wieder von nagendem Hunger gepeinigt, von scheußlichen Vorstellungen, von den Schmerzen infolge der erhaltenen Prügel. Blaise Pascal und Sören Kierkegaard haben voneinander unabhängige Gedanken in Büchern gesammelt. Dies habe ich hiermit auch getan.

Ich wäre belohnt, wenn Sie wenigstens dies eine davon lernten: Nicht nur Gefangene erleben Leiden. Meine Leser haben ihre Nöte: Zweifel und Sorgen, Furcht und Krankheit. Konzentrieren Sie sich nicht auf das häßliche Bild, das auf dem Bildschirm Ihres Geistes entstehen mag. Nahe dabei ist eine wunderschöne Blume. Im Hohenlied von Salomo (2,1) heißt es: „Ich bin eine Rose in Saron und eine Lilie im Tal." Jesus ist wie die Rose, wie die Lilie. Schauen Sie auf IHN!

Richard Wurmbrand

I

Es war einmal ein Prinz, dem jemand einen seltenen und wunderschönen Vogel schenkte. Er gab ihm den Namen Twi-Twi und setzte ihn in einen goldenen Käfig. Aber das arme Geschöpf war vom Gold nicht beeindruckt. „Laß mich frei! Laß mich frei!" bat es immer wieder. Aber der Prinz liebte es zu sehr und konnte sich nicht von ihm trennen. Schließlich bat Twi-Twi: „Geh doch wenigstens in den Wald, o Prinz, und sag meinen Angehörigen, daß ich gefangen, aber noch am Leben bin." – Das tat der Prinz. Als Twi-Twis Schwester die Nachricht hörte, fiel sie vom Baum. „Sie ist tot", dachte er, „der Schmerz um den freiheitsliebenden Twi-Twi hat sie getötet." Traurigen Herzens ging er zurück und erzählte dem gefangenen Vögelchen, daß der Kummer die Schwester getötet habe. Sofort brach auch Twi-Twi zusammen und sank auf den Boden des Käfigs. Was sollte der Prinz tun? Er nahm den toten Vogel und warf ihn zum Fenster hinaus. Im Nu aber flog Twi-Twi weg und zirpte von einem Baum herüber: „O Prinz, was du für eine schlechte Nachricht hieltest, war für mich eine Belehrung. Meine Schwester tat nur so, um mir den Weg in die Freiheit zu zeigen."

Niemand kann die Bedeutung von Jesu Tod auf Golgatha ausschöpfen. Doch es ist immer so gewesen, daß die Weisen durch Taten gelehrt haben. Dadurch, daß Jesus aus freiem Willen, im Alter von 33 Jahren, jung und voll Lebenskraft, starb, erteilte Er uns eine Lektion, wie Probleme zu behandeln sind. Sterben Sie für sie!

Reizt Sie die Sünde? Würden Sie sündigen, wenn Sie tot wären? Natürlich nicht. So fallen Sie tot um! Die Welt möchte Sie in ihr Rennen verwickeln – dem Untergang zu. Seien Sie ihr gegenüber tot! Religionen möchten Sie in eine Schablone oder in ein Gesetz pressen. Sterben Sie dem Gesetz! Jesus starb der Sünde, der Welt und dem Gesetz. Das ist der Grund, weshalb Er lebt. Werden Sie, ein Gefangener, von Problemen geplagt?

Seien Sie ihnen gegenüber unempfindlich, als ob Sie tot wären!

Lernen Sie vom Vogel, der seine Freiheit gewann! Die Absicht dieses Buches ist, den Weg zur Freiheit zu zeigen. Mein Buch bringt nicht Gedanken und Ansichten eines Mannes. Ich hasse muffige oder begeisterte Predigten, in denen Geistliche *ihre* Ansicht und *ihren* Standpunkt weitergeben. Auch hasse ich politische Massenversammlungen, auf denen sowohl gute als auch schlechte Ansichten geäußert werden. Ich wünschte, niemand würde seinen Mund auftun, wenn er nicht eine Wahrheit, eine objektive Wahrheit, erkannt hat.

In alten Zeiten gab es unter den Juden Männer, die Propheten genannt wurden, die, wenn sie schrieben oder sprachen, mit den Worten begannen: „So spricht der Herr . . ."

Ich schreibe dieses Buch in der Überzeugung, nur eine Stimme zu sein. Gott selbst spricht durch mich.

Über eine solche Behauptung, noch dazu am Anfang eines Buches, werden manche lachen.

Ich habe es gern, wenn Menschen lachen – auch wenn sie über mich lachen. Lachen ist gesund. Ärzte empfehlen es. Es gibt in dieser Welt so wenig Grund zum Lachen. Warum sollte man nicht über mich lachen? Halten Sie es für eine Torheit, wenn Sie mögen, aber durch dieses, mein Buch, spricht Gott selbst zu Ihnen.

Wie weiß ich das? Ist Gott nicht ganz anders als ich? Meine Möglichkeit, mit Ihm zu verkehren, ist manchmal gut, manchmal aber auch gestört. So könnte ich Ihn mißverstehen.

Jesus rief am Kreuz: „Eli! Eli!" (Die hebräischen Worte für „Mein Gott") Die unter dem Kreuz standen, glaubten, den Namen des Propheten Elia zu hören. Solche Mißverständnisse kommen täglich vor.

Wie kann ich dann die Gewißheit haben, daß ich, Richard Wurmbrand, gerade das schreibe, was Gott durch mich mitteilen möchte? Woher wußten es die Propheten?

Zur Zeit gibt es eine große Vermengung einzelner Bereiche. Die Gebiete der Grammatik und der Religion unterscheiden sich voneinander. Wenn ein Schüler in der Schule ein Verb konjugieren soll und statt dessen sagt, daß Gott die Liebe ist und daß jeder, der an Ihn glaubt, aus Gott geboren ist, so wird er eine schlechte Note bekommen, selbst wenn sein Lehrer religiös ist. Religion gehört nicht in eine Grammatikprüfung.

Aber ebensowenig hat die Grammatik in der Religion etwas zu sagen. Im Bereich des praktischen Lebens müssen wir die Verben konjugieren, und dazu brauchen wir die persönlichen Fürwörter. Wir müssen den Unterschied im Besitz angeben können, zwischen *meinem* Haus, *meinem* Buch, *meiner* Frau und dem des andern unterscheiden. Und so haben wir „ich", „du" und „er" zu gebrauchen. Aber bitte, lassen Sie die Pronomen im Bereich der Grammatik, wohin sie auch gehören; führen Sie sie nicht in der Religion ein!

Als Jesus Christus dem großen Christenverfolger Saul von Tarsus auf der Straße nach Damaskus begegnete, fragte Er ihn: „Saul, Saul, warum verfolgst du *mich*?" Saul hätte wahrheitsgemäß antworten können: „Nie habe ich *dich* verfolgt. Ich verfolgte deine Jünger." Aber Jesus, obgleich allwissend, weiß nicht, daß Er und Seine Jünger verschiedene Personen sind. Er fühlt sich selbst verfolgt, sooft Sein Jünger verfolgt wird; Er weint mit jedem Jünger, der weint; Er freut sich mit jedem Jünger, der sich freut.

Jesus sagt, daß beim Letzten Gericht die Bösen den Vorwurf hören werden: „Ich bin hungrig gewesen, krank, im Gefängnis, und ihr habt *mich* nicht besucht." Und dann erklärt Er, daß immer, wenn einer von Seinen geringen Brüdern Schweres durchmacht, Er selbst es ist, der leidet.

Der Herr ist in der Religion unser Führer. Aber in der Grammatik könnte er vielleicht keine Prüfung bestehen, weil Er die persönlichen Fürwörter verwechselt, wie „er" und „ich".

Die christliche Religion ist Liebestrunkenheit. Betrunkene Menschen verwechseln Dinge und Personen. Die Unterscheidung von „du" und „er" verschwindet. Wenn ich in diesem Zustand, trunken von Liebe zu Gott, spreche, so spricht Gott durch mich.

* *
*

Jesus sagte vor zweitausend Jahren: „Ich bin die Wahrheit." Und 2000 Jahre lang ist diese Aussage gefälscht worden, als hätte Er gesagt: „*Er* ist die Wahrheit." Aber Er hat nie gesagt, daß *Er* die Wahrheit sei. Er hat gesagt: *Ich* bin die Wahrheit." Wenn man aus Ihm ein „*Er*" macht, selbst wenn man das E groß schreibt, so ist man von der Wahrheit abgewichen.

Was kann Jesus, Gott, Mensch geworden vor 2000 Jahren in Palästina in einem Zimmermann, als ein „Er" über moderne Technik aussagen, über Sozialismus, Demokratie oder Militärdiktatur, und was zu bevorzugen ist; ob wir die Philosophie von Teilhard de Chardin oder die philosophischen Verwicklungen der Einsteinschen Theorie annehmen sollen oder nicht; ob wir Fundamentalisten oder Modernisten sein sollen?

Was kann Jesus als eine Person, die vor 2000 Jahren in Palästina lebte, uns über die Evolutionstheorie sagen? Kann Er Ihnen raten, lieber Georg als Stefan zu heiraten? Kann Er Sie in irgendeiner praktischen Angelegenheit anleiten?

Niemals hat Jesus ein „Er" sein wollen. Als Voraussetzung, daß Er die Wahrheit ist, hat Er immer ein „Ich" zu bleiben. Ich bin die Wahrheit, nicht „*Er*" ist die Wahrheit. Wenn ich die Wahrheit haben möchte und die Wahrheit sein möchte, muß Jesus für mich ein „Ich" sein.

Es ist nicht richtig, daß Er ein Ich *werden* muß. Er ist ein Ich. Luther sagt: „Der Christ *ist* Christus." Das ist eine Tatsache, auch wenn Sie es noch nicht erkannt haben sollten. Wenn meine Augen aufgetan sind, sage ich mit

Paulus: „Ich lebe, doch nicht ich, sondern Christus lebt in mir." Dann kann ich mich auf meine eigenen Gedanken verlassen. *Ich* schreibe nun ein Buch, und das will sagen: Gott spricht durch mein Buch.

Männer Gottes haben immer so gedacht. Luther schrieb: „Ich habe zwischen mir und meiner Berufung zu unterscheiden. Ich halte mich für den Geringsten. Aber meine Berufung ist unanfechtbar . . . Niemand sollte von seiner eigenen Person eine hohe Meinung haben, aber jeder sollte seine Berufung zur Ehre Gottes hochpreisen. Sogar noch mehr: Der Mann, der das Amt innehat, muß nicht einmal beweisen, was er sagt. Auf ihn ist zu hören wie auf Gott selbst."

* *
*

Christ zu werden, bedeutet, Christus ähnlich zu werden. In welchem Sinne? Nicht jeder ist ein Jude, wie Jesus es war, nicht jeder ein Zimmermann, nicht jeder ein Jünger männlichen Geschlechts. In welchem Sinne kann ich denn Ihm ähnlich werden?

Er lebte Sein Leben als Mensch voll innerer Gewißheit. Es gab zu jener Zeit, genau wie heute, Hunderte von Religionen. In Galiläa allein trafen sich viele Nationen und Religionen. Er wählte keine von ihnen. Er war überzeugt, daß man die *Seine* wählen sollte. In Palästina gab es viele Gruppen: die Zeloten, die Herodianer, die Essener etc. Jesus erwählte keine von ihnen. Er sprach über einfache, irdische Dinge, aber andere hatten anzunehmen, was *Er* sagte. Er nahm nie an, was andere sagten. Er wußte, daß Er die verkörperte Wahrheit ist. Christ zu sein, bedeutet, Christus ähnlich zu werden, also ein Mensch ohne Zweifel an der Botschaft; ein Mensch, der weiß, daß Christus nicht ein „Er" ist. Wenn solch ein Mensch spricht, spricht Christus.

Während ich allerdings die Wirklichkeiten des geistlichen Lebens in Menschenworte umsetze, bin ich gezwungen, die Personalpronomen zu gebrauchen; aber meine Worte werden transparent sein. Man wird die Wirklichkeit, die dahinter steht, spüren müssen: Es ist der Herr, der zu Ihnen spricht: „Komm zu Mir!" Sie haben zu *Ihm* zu kommen, aber darauf zu achten, daß Er nicht mehr ein „Er" für Sie ist.

Ich will es noch einmal verdeutlichen. Nicht *ich* rufe Sie zu Ihm. Die heiligen Worte lauten: „Komm zu *Mir*!" Kommen Sie nicht zu *Ihm*, was bedeutet, auch in Zukunft sich nicht zu begnügen, ein *Ihn* anzubeten.

Die ganze Idee von Subjekt und Objekt ist eine Illusion, die in uns durch sprachliche Strukturen verstärkt wurde. Diese werden auch mich veranlassen, die Pronomen zu „mißbrauchen". Aber ich tue es, weil ich weiß, daß das, was wir „Ich" nennen, nur ein vorübergehender Treffpunkt verschiedener Kräfte ist, welche unaufhörlich ihre Intensität und Richtung ändern. Eigentlich sollte man lernen, außerhalb der Kategorien von „ich", „du" und „er" zu denken. Der Denker, sein Gedanke und der Vorgang des Denkens sind eins.

Es gibt ein allmächtiges „Ich". Die Zehn Gebote beginnen mit den Worten: „Ich bin Gott." In diesem einzigen Gott „leben, werben und sind wir" (Apg. 17,28). Wir bilden Gottes inwendiges Leben. Wir sind nicht außerhalb von Ihm.

Ununterbrochen widerspricht Gott unserem Ich-Begriff als entgegengesetzt zu Ihm. Jeremia will nicht den Ruf zum Propheten annehmen. Er sagt zu Gott: „Ich bin zu jung." Gott aber antwortet: „Sage nicht: Ich bin zu jung . . . denn ich bin mit dir" (Jer. 1,6–8). Bezeichnend sind Gottes Worte: „Sage nicht ich . . . denn *Ich* . . ." Wo Sein „Ich" sich einschaltet, zählt der Wert unseres Ichs nicht.

Als der Engel dem Zacharias die Geburt eines Sohnes – Johannes des Täufers – anzeigt, entgegnet er dem himmlischen Wesen: „Ich bin alt . . ." Diesem Einwand wird mit den Worten gekontert: „Ich bin Gabriel" (Luk. 1,18–19). Daß ein Mensch von seinem Ich spricht, wenn er eine Stimme vom Himmel hört, ist sinnlos. Wieder ist es: „nicht ‚ich', Zacharias, sondern ‚ich', der Engel."

Christus sagt zu einem Menschen: „Du Narr . . ." (Luk. 12,16–20). Das ist der Mensch, der nur an seine irdischen Reichtümer denkt. Es dürfte leicht sein, ihn als einen Narren zu erkennen: In drei Versen der Bibel gebraucht er die Worte „ich" und „mein" neunmal, ohne zu ahnen, daß dieses Ich noch in derselben Nacht sterben muß und daß das „Mein" in den Besitz anderer übergeht.

Später will ich diesen Gedanken wiederaufnehmen. Zu Gott zu kommen, ist mit andern Worten dasselbe, wie zu sich selbst zu kommen, zu unserem wirklichen Sein, zu dem Einen, dessen Bild und Ähnlichkeit wir tragen, zu dem einen wirklichen „Ich".

An Katharina von Siena richtete Jesus das Wort: „Ich bin Er, der ist; du bist sie, die nicht ist."

* *
*

In Bukarest hatte ich in meiner Kirche ein russisches Gemeindemitglied, das nicht ein einziges Wort Rumänisch verstand, die Sprache, in der der Gottesdienst gehalten wurde. Der Mann fehlte jedoch nie. Während der Predigt las er in seinem russischen Neuen Testament.

Ich fühlte mich für ihn verantwortlich. Und so rief ich ihn eines Tages zu mir und sagte: „Sieh, ich bin dein Pastor und sollte wissen, was du von diesem Buch verstehst. Wähle einen Abschnitt, der dir paßt, und erkläre ihn mir!"

Er las mir das erste Kapitel des ersten Korintherbriefes vor und gab folgende Auslegung: „Der Apostel schreibt, daß Paulus das Evangelium gepflanzt hat und ein gewisser Apollos es begossen hat; aber Gott gab das Vorwärtskommen. Daraus folgert der Apostel, daß weder Paulus noch Apollos etwas gelten, sondern Gott allein. Nun, da Paulus und Apollos geradezu Nichtsnutze genannt werden, frage ich: Wieviel bist du, Bruder Wurmbrand, wert? Gott hat die berufen, die nichts sind. Sei froh, daß du nur ein Nichts bist." Ich umarmte ihn und gratulierte ihm, weil er die Bibel besser verstand als ich.

* *
*

Jesus sagt: „Kommt zu mir!" Nehmen Sie die Einladung an. Seien Sie nicht jemand, dessen eiskaltes Herz so hart und gefühllos ist wie die Steine des Gefängnisbodens, auf denen Jesus geschlafen haben mag, nachdem Er im Garten Gethsemane verhaftet worden war.

* *
*

Jesus sagt: „Kommt zu mir!", und nicht nur zu pompösen Gottesdiensten der Kirche. In Dostojewskis „Die Brüder Karamasow" sagt der Großinquisitor zum Herrn Jesus: „Wir haben dein Werk vorangetrieben." Jesus in Seiner Demut ist dankbar für Fortschritte. Er hat uns verheißen, daß wir sogar Größeres, als Er tat, vollbringen werden. Aber Er möchte, daß man zu *Ihm* kommt, zu *IHM* allein.

Das Christentum hat im Laufe der Jahrhunderte viele Wandlungen durchgemacht. Es war zur Zeit Jesu anders als zur Zeit der ersten christlichen Gemeinde in Jerusalem, welche sich wiederum von den ersten christlichen Gemeinden in der heidnischen Welt unterschied. Die Staatskirche nach Konstantin dem Großen war wieder etwas anderes. Dann äußerte sie sich im Mittelalter, in der Reformation, in der Zeit des Rationalismus, in den Zeiten des Pietismus und des Modernismus. Heute weiß man um die vom Staat kontrollierte Kirche, die Untergrundkirchen in kommunistischen Ländern sowie um die charismatische Bewegung in der freien Welt. Origenes sieht das Christentum als Teil einer göttlichen Bewegung, die sich zu noch Größerem rüstet. Höhere Formen mögen sich noch herausbilden. Alle sind Ausdrucksmittel des einen Christus, der sich selbst niemals verändert. Er sagt: „Kommt zu mir!"

* *
*

Wie soll ich zu Ihm kommen? In Lukas 24,5 lesen wir, daß Jesus sich von Seinen Jüngern trennt. Diese Trennung ist eine endgültige und bleibende, eine Wahrheit, die für unser ganzes Erdenleben gilt, ausgenommen, daß das Gegenteil nicht als Irrtum angesehen wird. Es kann eine „Gegen-Wahrheit" sein. Alles in der Welt ist von zwiefacher Natur. So auch die Beziehung zwischen den Menschen und Christus. Tatsache ist, daß Jesus sich von Menschen getrennt hat; Tatsache ist, daß Jesus ein „Ich" in Menschen sein kann.

Sind Sie dabei, Jesus zu suchen? Die erste Voraussetzung, Ihn zu finden, ist, daß Sie tun, was Jesus den römischen Soldaten einst gesagt hat: „Suchet ihr mich, so lasset diese – die Jünger – gehen" (Joh. 18,8). Jesus hat sich von ihnen getrennt.

Als der Hohepriester Ihn nach Seiner Lehre fragte, war Seine Antwort: „Warum fragst du mich? Frag die, die gehört haben, was ich geredet habe" (Joh. 18,21).

Glücklicherweise wurde diese Diskussion durch eine Ohrfeige unterbrochen, die Jesus von einem in der Nähe stehenden Offizier bekam, sonst wäre Er wohl vom Hohenpriester selbst schrecklich „angefahren" oder „angeschnauzt" worden, welcher Ihm hätte antworten können: „Wen von denen, die dich gehört haben, könnte ich nach deiner Lehre fragen? Einer hat dich an uns verkauft, und du wirst verstehen, daß dieser dir viel Böses nachgesagt hat. Ein anderer Jünger steht gerade unten im Hof und sagt, daß du nur ein Mensch bist, ein Mensch, den er nie gekannt hat. Deine anderen Jünger haben sich aus dem Staub gemacht. Personen, die dich gehört haben, warten im Nebenraum, um zu bezeugen: ‚Dieser Kerl hat gesagt: Ich bin imstande, den Tempel Gottes zu zerstören und ihn in drei Tagen wiederaufzubauen.' Das ist sicher kein anziehender Gesichtspunkt deiner Lehre. Du hast zu Tausenden gesprochen. Sie haben nichts verstanden. Sie werden morgen schreien: ‚Kreuzige Ihn!' Dein geliebter Johannes steht hier, aber schweigt sich aus. So bist du selbst der einzige, der über deine Lehre aussagen kann. Wenn du dich weigerst, werden wir auch ohne diese Auskunft auskommen." – An dieser Situation hat sich seither nicht viel geändert.

Wenn Ihnen daran gelegen ist, Jesu Lehre kennenzulernen, heißt es auch für Sie: „Laß Seine Jünger gehen".

Mein erster Vorschlag ist: Lassen Sie jedermann in der Welt gehen; kümmern Sie sich nicht um Kirchen oder um Leute, die gegen die Kirchen sind – mögen sie nun recht oder unrecht haben –, kümmern Sie sich allein um Ihr Seelenheil – kommen Sie zu Jesus! Schauen Sie weder nach rechts noch nach links, auch nicht zurück. Kümmern Sie sich nicht um das, was andere sagen! *Sie* sollen zu Jesus kommen!

* *
*

Kommen Sie so nahe zu Ihm, daß Sie gleichsam eins mit Ihm werden! Als die ersten Christen sich in den Katakomben trafen, benutzten sie in ihren Predigten folgende Illustration:

Ein Junge hatte sich in ein Mädchen verliebt. Eines Tages konnte er es nicht mehr aushalten. Spät in der Nacht klopfte er an die Tür seiner Geliebten und bat um Einlaß. Sie fragte: „Wer ist da?" Er antwortete: „Ich bin es." Ihre Antwort lautete: „Meine Kammer ist eng. Hier ist nur Platz für einen. Geh!"

Er zog in die Welt hinaus, um seinen Schmerz zu vergessen. Er konnte ihre Anweisung nicht verstehen, weil er wußte, daß sie auch ihn sehr liebte. Nach Jahren des Umherirrens hatte er plötzlich eine Erleuchtung.

Wieder klopfte er eines Nachts spät an die Tür des Mädchens. Auf die Frage: „Wer ist da?" antwortete er: „Du bist es." Die Tür ging auf. Seine Geliebte umarmte ihn und sagte: „Lange habe ich auf dich warten müssen."

Welches sind Gottes Dimensionen? – Er spricht mit Mose zwischen zwei Stangen einer Lade, in der die Juden die Zehn Gebote mit sich führten, die der Herr ihnen auf dem Berg Sinai gegeben hatte. Himmel ist der engste Platz im Universum.Es ist dort nur für Einen Raum. Nur *die* werden eingehen, die mit Ihm eins geworden sind.

Shakespeare sagt in „Der Phönix und die Schildkröte": „Die Mehrzahl ist in der Liebe erschlagen." Die Liebe kann nicht mit einer Menge existieren. Liebende sind immer „ein Herz und eine Seele". Mann und Frau sind eins. Christus und der Vater sind eins. Genauso ist es mit der gläubigen Seele und Christus.

In der Liebe ist die Unterscheidung von „er" und „ich" nicht möglich.

König Salomo sagt in seinem Lied: „Sechzig sind der Königinnen und achtzig der Kebsweiber, und der Jungfrauen ist keine Zahl. Aber *eine* ist meine Taube, meine Unbefleckte ..." (Hohelied 6,8,9).

* *
*

Ehe ich fortfahre, lassen Sie mich bitte die Warnung wiederholen: Gott spricht zu Ihnen in diesem Buch und stellt Sie damit vor eine große Verantwortung. Wenn Sie nicht Jesus aufnehmen, begehen Sie geistlichen Selbstmord.

Es war einmal ein Mann, der zeitlebens große Sorgen hatte. Eines Nachts wälzte er sich wieder in seinem Bett und fand keine Ruhe. Er bat Gott, ihm zu zeigen, welcher unsichtbare Feind sein Leben zerstöre. Und – hinter einem Vorhang trat der Feind hervor: er selbst! So sind Sie Ihr größter Feind, wenn Sie Christus nicht annehmen.

Wir gleichen der Seidenraupe, die den Kokon vorbereitet, in dem sie sich entwickeln wird. Wie bauen Sie das Haus Ihrer Zukunft?

In der rumänischen Stadt Lugoj erhielt der Gefängnisdirektor Befehl, den stellvertretenden Direktor, einen Leutnant, zu verhaften. Er rief ihn zu sich und sagte zu ihm: „Heute werden wir einen neuen politischen Häftling bekommen. Sehen Sie zu, daß die Zelle für ihn vorbereitet wird." Der Leutnant nahm einen Wärter mit und wählte die schlimmste Zelle. Zwar sind alle Gefängniszellen schlecht, aber manche haben mehr Licht, andere weniger; manche sind feucht, andere trocken; in manchen kann man drei Schritte hin und zurück gehen, in anderen nur zwei. Er wählte also die schlechteste Zelle und den schlechtesten Strohsack. Dann kam er zurück und sagte zum Direktor: „Ich habe die Zelle vorbereitet."

Der Direktor sagte: „Ich möchte sie selbst sehen." Er ging mit dem Leutnant zur Zelle und fragte: „Meinen Sie nicht, daß Sie dem Mann eine bessere Unterkunft geben sollten?" Der Leutnant erwiderte: „Kapitän, Sie sind zu weichherzig. Diese ist gerade recht für einen Banditen." – Der Direktor sagte: „Nun, Sie sind der Bandit. Bitte, treten Sie ein!" Und die Tür wurde hinter ihm zugeschlossen.

Wir, alle von uns, entscheiden über unsere zukünftige Behausung, indem wir Christus annehmen oder ablehnen.

* *
*

Die Ihn ablehnen, werden in der Hölle zu leiden haben. Das ist ein übler Platz; ich weiß es. Im Geist weile ich oft dort, denn die Hölle ist nicht von Gleichgültigkeit, sondern von der Liebe der Christen umgeben. In Lukas 16 steht geschrieben, daß manche im Himmel bereit wären, zur Hölle hinüberzuwechseln, wenn sie den armen Seelen helfen könnten. Aber sie können es nicht.

Die Hölle ist schrecklich. Wie furchtbar, dort für alle Ewigkeit zu sein, zusammen mit den Teufeln!

Die heilige Katharina von Siena sah einmal einen Teufel und schrieb, daß sie lieber bis zum Ende ihres Lebens auf rotglühenden Kohlen gehen würde, als noch einmal auch nur für einen Augenblick solch ein Ungeheuer sehen zu müssen.

Die Teufel werden die Ungläubigen quälen. Der heilige Anselm sagt: „In der Hölle sind die Seelen so bis auf das äußerste gebunden, daß sie nicht einmal imstande sind, von ihrem Auge einen Wurm zu entfernen, der daran nagt."

Nehmen Sie lieber Jesus an! – Jesus spricht von einem Letzten Gericht. Ich werde es Ihnen beschreiben. Gott wird auf dem lichten Thron sitzen. Hinter Ihm wird ein Vorhang sein. Vor Ihm werden in einer Reihe die stehen, die zu richten sind. Gott wird Seine Rechte heben, und bei diesem Zeichen werden hinter dem Vorhang Gestalten von unsagbarer Pracht, in allen Farben strahlend, hervortreten und sich vor die, die gerichtet werden sollen, stellen. Dann werden die Bösen Gott fragen: „Wer ist dieses schöne Wesen vor mir?" Und Gott wird antworten: „Das bist du, wie du geworden wärest, wenn du Jesus angenommen hättest." Dann werden die Bösen, verzweifelt darüber, was ihnen entgangen ist, zur Hölle fliehen. Sie würden das Bild dessen, was sie hätten werden können, nicht ertragen können.

Niemals werden Sie Sie selbst sein, das strahlende Wesen, das nach dem Bilde Gottes gemacht ist, wenn Sie nicht zu Jesus kommen.

* * *

Gott ruft Sie durch mich. – Und es ist noch jemand da, der Sie ruft: Ihr wahres Ich. In einer Parabel erzählt Jesus die Geschichte eines Sohnes, der sich vorzeitig sein Erbe vom Vater geben ließ, in ein fernes Land zog und das Geld liederlich verpraßte. Als dann eine Hungersnot kam und er kein Geld mehr hatte, wurde er Schweinehüter. In seinem Hunger hätte er gern die Schoten gegessen, die man den Schweinen vorwarf, aber niemand gab sie ihm. Am Ende seiner Kraft, „kam er zu sich selbst" – so drückt es die Bibel aus – und faßte den Entschluß, zum Vater zurückzukehren.

„Er kam zu sich selbst" – welch ein Ausdruck! Wo ist er denn bis zu dem Zeitpunkt gewesen? Nun, wir sagen auch: „Er war außer sich." So war auch er außer sich. Er hatte nicht seinen eigenen Verstand gebraucht und hatte sich nicht von den besten Regungen seines eigenen Herzens leiten lassen. Einem Affen gleich hatte er den selbstischen Wegen anderer Folge geleistet. Wie ein Papagei hatte er ihren Unsinn wiederholt. Die meisten Menschen würden lieber sterben als selbständig denken. Nachdem der verlorene Sohn „zu sich selbst kam", zu seinem wirklichen Ich, kehrte er demütig zur Wahrheit und zu seinem Vater zurück. In der Parabel ist Gott der Vater.

Es ist einfach nicht wahr, daß Sie bisher ohne Jesus gelebt haben. Lediglich Ihr wirkliches Ich, das schöne Wesen, das nach Gottes Ebenbild geschaffen ist, wohnte nicht in Ihnen. Sie gehören zu Jesus. Sie haben es nur bis jetzt nicht gewußt.

Luther, ein großer Lehrer der Christenheit, unterschied zwischen einem direkten Glauben und einem, der sich als solcher auskennt. Wenn jemand versichert, „Ich glaube" oder „Ich glaube nicht", so drückt er damit das aus, was in seinem Innern vorgeht. Seine diesbezügliche Meinung über sich selbst mag ebenso falsch sein, wie er andere falsch beurteilen mag. Jemand kann sich für gesund halten, während der Krebs in seinem Körper wuchert. Ein anderer hält sich für krank, aber seine Krankheit ist nur Einbildung.

Ihr Unglaube kann auch Einbildung sein. Sie haben vielleicht nicht, was Theologen „fides reflecta" nennen, einen Glauben, der sich seiner Existenz bewußt ist. Aber Sie haben vielleicht „fides directa", einen Glauben, der einfach existiert. Ein Säugling existiert, ohne um seine Existenz zu wissen. Aber seine liebende Mutter weiß um seine Existenz und um seine Bedürfnisse. Ebenso wissen Sie vielleicht nicht, was in Ihnen vor sich geht, weil Ihr wirkliches Ich außerhalb von Ihnen wirkt. Ich bin Ihr Ich. Ich bin Ihr Gewissen.

Wenn Sie diese Zeilen lesen, werden Sie merken, wie richtig Plato urteilte, als er sagte: „Wissen ist Erkennen." Ich will Ihnen nicht Dinge sagen, die Ihnen neu sind. Sie werden in meinen Worten das Licht wiedererkennen, das Sie erleuchtete, als Sie zur Welt kamen. Später ließen Sie sich von sich selbst wegtreiben, wie der verlorene Sohn. Jetzt werden Sie zurückgerufen. Wenn Sie wiederkehren, wird Ihr Glaube bewußter werden. Der Sohn Gottes wird die Möglichkeit haben, sich in Ihnen zu offenbaren. Ihre Wiederkehr zu sich selbst wird identisch sein mit Ihrem Kommen zu Christus.

* *
*

Sie zögern? Sie meinen, daß Religion nicht so wichtig sei? Ich stimme voll und ganz mit Ihnen überein. Die Frage ist nur, wie wichtig Wichtiges ist. Wie wichtig sind wir, Sie und ich? Wie wichtig ist Ihre oder meine Ansicht darüber, was wichtig ist?

Wände bestimmen die Größe eines Raumes. Nur der freie Raum zwischen den Wänden kann benutzt werden. Ebenso verhält es sich mit dem leeren Raum in einer Tasse. Wichtig zum Leben ist für uns das, was leer ist, nicht das, was voll ist. – Sind zum Gehen nur die Sohlen von Bedeutung? Der ganze Fuß geht. Aber der Fuß könnte nicht ohne das gehen, was zum Gehen belanglos erscheint, wie das Herz, die Lungen, das Rückgrat, das Gravitationsgesetz, die atomare und chemische Struktur der Erde – und der Weg selbst.

Gewiß, Religion ist belanglos. Sie können ohne sie leben, aber Sie können auch ohne Kunst, ohne Bücher, ohne Bildung, ohne Hosen, ohne frische Luft, ohne Sonnenschein, ohne zu lieben und geliebt zu werden, leben. Aber solch eine Existenz verdient nicht den Namen „Leben". Es sind die sogenannten belanglosen Dinge, die das Leben schön und reich machen.

Sie fragen sich, was Jesus Ihnen geben kann. Warum muß Ihnen jemand von Nutzen sein, damit Sie ihn lieben? Warum sucht man ständig nach dem, was einem nützt? Menschen folgten Jesus lange vor unserer Zeit, als Er nur von Seinem Kreuzestod und Seiner Auferstehung sprach, lange bevor Er ewiges Leben verhieß.

Maria Magdalena liebte Ihn und wusch Seine Füße mit ihren Tränen, ohne zu ahnen, daß sie von Ihm Vergebung ihrer Sünden und einen Platz im Paradies erhalten könnte. Sie liebte Ihn einfach um der Liebe willen. Tun Sie dasselbe!

* *
*

Stehen Sie auf! Bleiben Sie nicht bei den armseligen Dingen stehen, die „belanglos" sind!

Das Leben hat sich in den letzten 50 Jahren mehr verändert als in den 5000 zuvor. Manche sind an Quasars und Novas und an der Ausdehnung des Universums interessiert, andere an Mesonen und Quarks, und wieder andere an Genen. Geben Sie sich nicht nur mit Unbedeutendem ab, mit Dingen, die nur der Bequemlichkeit dienen. Suchen Sie die letztendliche Realität. Suchen Sie die Erklärung des Ganzen. Suchen Sie Gott!

Wenn Sie das tun, können an die tausend Fragen in Ihrem Geist aufsteigen, Fragen, die ein rechter christlicher

Lehrer übersehen mag. Der von Gott berufene Lehrer lehrt nicht, was der Schüler wählt, sondern was der Lehrer für ihn zum Lernen für gut befindet. In geistlichen Dingen braucht man nicht die Antwort auf unzählige religiöse Probleme, sondern eher das, was Jesus „geistige Armut" nennt. Die Seele muß still werden wie ein See, der die Schönheiten über uns widerspiegelt.

Der wahre Lehrer beantwortet nicht Fragen. So bin auch ich nicht vorbereitet, Ihnen komplizierte Antworten auf Ihre vielen Zweifel zu geben. Das beste, was ein Religionslehrer tun kann, ist, sich in den Schatten zu stellen, zurückzutreten, nicht die Verkörperung eines göttlichen Wortes sein zu wollen, sonden nur eine Stimme, durch die der Meister das Wort sagen kann, das er will, oder eine stille Flöte, die auf Seine Wünsche wartet.

Als Alexander der Große den Philosophen Diogenes fragte: „Was kann ich für dich tun?" antwortete Diogenes: „Geh mir aus der Sonne!" Dasselbe sollten Seelen, die nach Gott dürsten, zu Theologen sagen. Ziel dieses Buches ist nicht,über Jesus zu sprechen, sondern zu erlauben, daß Jesus uns direkt gegenübertritt. Er, der in einer unbekannten Krippe Mensch wurde, Er, der ins geschriebene Wort eingeschlossen wurde, Er demütigt sich noch tiefer. Er braucht die Stimme eines Sünders, um Sie auf das Flüstern Ihrer eigenen inneren Stimme aufmerksam zu machen, auf die Stimme Ihres Gewissens.

* *
*

Menschen rufen Ihnen zu: „Kampf dem Kapitalismus!" oder „Kampf dem Kommunismus!" oder „Kampf dem Islam!" Nehmen wir an, daß einer dieser Kämpfe Erfolg hat, was für einen Unterschied wird das machen? Gegen den Nationalsozialismus ist siegreich gekämpft worden. Ist seither die Welt besser geworden? Andere Menschen rufen Ihnen zu: „Bekämpfe weder den Kapitalismus noch den Kommunismus, noch den Islam! Schließ Frieden mit ihnen." Was für ein Friede kann zwischen denen sein, die sich hassen? Friede ist nicht die Abwesenheit von Krieg, sondern die Anwesenheit von Liebe. Es gibt Menschen, die Ihnen zurufen: „Kümmere dich nicht um Kampf oder Friede mit dem Kapitalismus, Kommunismus oder Islam!"

Wenn ich nicht nach den großen Problemen der Menschheit frage, wozu habe ich dann meine Vernunft? Ich sage Ihnen: Lassen Sie das alles! Suchen Sie Gott! Er ist alles, was Sie brauchen. Wenn Sie Ihn haben, haben Sie die Antwort auf alle Probleme, weil die Probleme für Sie nicht mehr Probleme sein werden. Jesus sagt: „Ich bin das Leben." Das gilt auch Ihnen. Überwacht von Jesus werden Sie Ihr Leben führen, und das wird Sein Leben sein.

Der zermürbende Zweifel wird verschwinden. Jesus fragte einst einen Seiner Jünger: „Warum zweifelst du?" Petrus war auf dem Wasser gewandelt und dann beinahe ertrunken. Der Jünger hat die Frage nie beantwortet, und der Heiland hat auch nicht darauf bestanden. Wenn dem so gewesen wäre, hätte Petrus antworten können: „Ich zweifelte, ob ich aus dieser Todesgefahr gerettet würde, weil du unberechenbar bist. So viele Gläubige ertrinken, manchmal aber kommen sie auf wunderbare Weise mit dem Leben davon. Du weißt nie, wie es in deinem Fall ausgehen wird." Dennoch würde Petrus kein Recht zum Zweifeln gehabt haben. Denn sobald Sie zu Jesus gehören, sind Leben und Tod ein und dasselbe für Sie. Er ist ewig. So sind auch Sie ewig, weil die Unterscheidung von „er" und „du", („Sie") nicht mehr existiert. Die Grammatik hat keinen Platz in wahrer Religion.

* *
*

Unsere Gegner behaupten, die Religion sei eine Art Opium, eine Illusion. Aber ist denn jede Illusion falsch? Der Ertrinkende hat die Illusion, daß er auf weichen

Kissen schlafe, der Erfrierende, daß er neben einem heißen Ofen ruhe. Manche Illusionen sind mechanisch wirkende Schutzmaßnahmen, die uns über schwere Augenblicke hinweghelfen. Es gibt gute und böse Illusionen, so wie es gute und böse Gedanken gibt. So kann eine Illusion eine liebende Mutter sein, die ihre Brust durch eiserne Gitter zwängt, damit sie ihr gefangenes, erschrecktes Kind stillen kann. Illusionen sind eine gewaltige Kraft. Sie können Stärke und neues Leben denen geben, die schon fast dahin sind.

Aber der Trost durch Christus ist keine Illusion. Er ist Wirklichkeit. Sie werden fragen, woher ich das weiß. Christen glauben, daß alle – Buddhisten und Hindus, Juden und Moslems, Atheisten und Agnostiker im Irrtum sind. Sie sehen die anderen eingefangen von Mythen. Aber was anderen widerfahren kann, kann auch Christen widerfahren. Sie sollten ihre eigenen Überzeugungen prüfen, sonst könnten auch sie der Täuschung durch den Mythos erliegen.

Ein Prediger sagte einmal zu einem zwölfjährigen jüdischen Jungen, daß Jesus der Sohn Gottes sei und daß er an Ihn glauben müsse, um nicht verlorenzugehen. Sehr ernsthaft antwortete der Junge: „Herr Pastor, das Gegenteil könnte auch wahr sein. Wenn Jesus nicht der Sohn Gottes ist, Sie aber an Ihn glauben, dann sind Sie verloren." Wir müssen wissen, daß jeder, sei er nun Hindu oder Jude, Atheist oder Mormone, Katholik oder Protestant, sein ewiges Leben auf das stützt, was er glaubt; und keiner kann einfach die Frage abtun, ob Christus ein Mythos ist oder nicht.

Kant hat der Menschheit einen großen Dienst erwiesen. Er wies, wie niemand vor ihm, nach, in welchem Ausmaß die Welt durch die Vernunft erzeugt ist. Wir fangen Eindrücke durch unsere Sinne auf; die Eindrücke teilen wir dann nach ihrer Kausalität, Finalität, Qualität, Quantität und Modalität ein. Aufgrund dieser Vorstellungen fabrizieren wir ein Universum, unser inneres Universum –

durch kompliziertes Argumentieren des Verstandes. Dann spekulieren wir mit diesen Vorstellungen und abstrahieren sie mehr und mehr. Unsere Vorstellung von der Gottheit ist sicherlich auch ein Produkt unseres Verstandes. Inwieweit stimmt sie mit der Wirklichkeit überein? Die Möglichkeit einer Täuschung ist enorm. Die Anhänger aller Religionen glauben, daß der größte Teil der Menschheit betrogen ist, weil ein jeder glaubt, nur seine Religion oder das Fehlen von Religion sei die Wahrheit. Wenn also der größte Teil der Menschheit betrogen ist, besteht diese Möglichkeit auch für mich.

Innerhalb eines Religionssystems, selbst wenn die Existenz Gottes bereits akzeptiert ist, bleibt die Möglichkeit einer Täuschung. Die Pharisäer der alten Zeit waren überzeugt, daß sie durch ihre Lehren den Menschen die Pforten zum Himmelreich auftaten. Dann kam Jesus und erklärte, daß ihre Lehre die Pforten schließe. Die Pharisäer waren bereit, für ihren Glauben niedergemetzelt zu werden. Jesus starb, *Seinen* Glauben bezeugend. Welcher von beiden ist nun der rechte?

Dante sagt in seiner „Göttlichen Komödie": „Auf der Hälfte meiner Lebenswanderung fand ich mich in einem dunklen Wald, wo der rechte Weg verloren war." Das ist die Erfahrung aller denkenden Menschen.

Wir haben eine sichere Wahrheit, nämlich, daß der menschliche Geist nach Wahrheit sucht. Eine sichere Wahrheit ist, daß in der Menschheit ein unaufhörliches Suchen nach dem Wahren besteht, daß die Menschheit gewaltige Anstrengungen macht, das Wahre vom Falschen zu unterscheiden, und dies manchmal auf völlig kühle und objektive Weise.

Warum quälen wir uns ab, um zu erfahren, ob die Sonne um die Erde kreist oder die Erde um die Sonne? Ob wir die Wahrheit darüber erkennen oder nicht, bringt keinem von uns auch nur einen Pfennig ein. Dennoch sind wir alle unaufhörlich auf der Suche nach Wahrheit, angetrieben von einem Instinkt, der uns sagt, daß Wahrheit gut und wichtig ist und man ihr folgen sollte.

Auf dieser Suche begegnen wir Jesus. Er stellt keine übermäßigen Ansprüche. Er verlangt nicht, daß wir die Begründer anderer Religionen als Seine Konkurrenten oder Feinde ansehen. Im Hohenlied Salomos (1,7) werden die anderen Religionen nicht zu Rivalen Jesu, sondern „Herden der Gefährten" genannt.

Er spricht nicht von sich, als ob nur Er die Wahrheit sei. Im Johannesevangelium (14,6) steht ein Satz, in dem alles von der Zeichensetzung abhängt. Welches ist die richtige Interpunktion der Worte Jesu: „Ich bin der Weg, die Wahrheit und das Leben"? Ich würde meinen: „Ich bin der Weg: die Wahrheit und das Leben."

Medikamente in Flaschen sind meist eine Mischung. Jesus selbst sagt, in Seiner Lehre gäbe Er uns eine Mischung. Dabei dachte Er an die Wege, auf welchen jeder von uns Ihm zu folgen hat, an die Antwort auf die Fragen nach Wahrheit und an die Nöte des Lebens.

Ein Leben, das auf Wahrheit allein basiert, ist unmöglich. Was wäre das für ein Leben, wenn wir jeden Buckligen einen Buckligen und jedes häßliche Mädchen häßlich nennen würden. Im Grunde genommen ist das Leben ungerecht, weil die Menschen so unterschiedlich begabt und die meisten von uns mit unverdienten Handikaps belastet sind. Wir müssen die Wahrheit sagen, ohne Leben zu vernichten.

* *
*

Ein Junge erhielt zwei Zehner: einen für die Sonntagsschule, einen für Bonbons. Er stolperte, und die Geldstücke rollten davon. Eines hob er wieder auf, das andere fiel in die Gosse. Er rief: „Lieber Gott, weg ist dein Zehner!"

Die Wahrheit bestimmt: ein Geldstück für Bonbons,

eines für Gott! Im Menschenleben verliert man immer die Münze, die für einen heiligen Zweck bestimmt ist. Dann pflegt die Wahrheit zu fragen: „Solltest du nicht wenigstens einen Pfennig von dem geben, was du noch hast, oder wenigstens aufrichtig bedauern, daß du nichts mehr für den Herrn hast?"

Jesus wohnte unter uns „voll Gnade und Wahrheit" (Joh. 1,14). Was ist wichtiger: „Gnade" oder „Wahrheit"? – Das Allerwichtigste ist das Wörtchen „und" als ein Zeichen, daß wir hier eine Verbindung haben. Dann die Reihenfolge der beiden: Gnade kommt zuerst. „Und von Seiner Fülle haben wir alle genommen Gnade um Gnade" (Joh. 1,16). Darauf, daß wir die Wahrheit empfangen, hat der Herr länger zu warten. Aber Er ist geduldig. Er weiß, daß die Erde eine Kugel ist und niemand eine Gerade gehen kann.

* *
*

In jedem von uns steckt die Sehnsucht nach Wahrheit und zugleich eine Rebellion gegen ihre Forderungen sowie ein Zweifeln an der Wahrheit, wenn sie entdeckt ist. Jesus ist der einzige Religionsstifter, der sich selbst als die Wahrheit erklärt und noch mehr – als der Sohn Gottes; und zugleich ist Er eine Verkörperung des Zweifelns an Seiner Berufung. Er ruft am Kreuz: „Mein Gott, mein Gott, warum hast du mich verlassen?" Er ist die Synthese von Wahrheit und Zweifel an der Wahrheit.

Wenn Jesus eine Erfindung gewesen wäre, hätten die, die Ihn erfanden, niemals in ihren Evangelien geschrieben, daß sie selbst an Ihm gezweifelt haben. Sie hätten nie zugegeben, daß sie sogar noch nach Seiner Auferstehung an Ihm zweifelten. Das Evangelium ist das einzige religiöse Buch der Welt, das die Wahrheit und zugleich die Zweifel an dieser Wahrheit bringt. Also ist es Wahrheit.

In Jesus begegnen wir Gott, einem bestimmten Gott,

geboren im 15. Jahr des Kaisers Augustus. Er ist nicht in Frage gestellt, aber Er zweifelt an sich selbst und wird sogar nach Seiner Auferstehung von Seinen Aposteln angezweifelt. Also ist Er die Wahrheit, auf die wir uns verlassen können.

Ja, noch mehr: es gibt keinen Gläubigen, in dem nicht gelegentlich gotteslästerliche Gedanken aufsteigen, Gedanken, die sich gegen Gott richten. Religiöse Menschen unterdrücken diese Gedanken, die zu ihrem Sein gehören. Damit machen sie ihren Geist untauglich für die ganze Wahrheit. (Versuchungen sollten vor das Richteramt des Verstandes gebracht werden.)

Die Bibel ist das einzige heilige Buch der Welt, das die erhabensten Gedanken über Gott verbreitet, aber gleichzeitig skandalöse Dinge über Ihn aussagt; daß er beispielsweise einen Zaum in den Rachen eines Volkes – Seiner Schöpfung! – legen und es zur Sünde veranlassen werde (Jes. 30,28) oder, daß Er ein Sklavenhändler sei (Joel 3,8).

In Hesekiel 6,12 schildert Gott sich selbst als jemand, der über Sein erwähltes Volk Hunger, Blut und Schwert schickt.

Jeremia, der Prophet Gottes, sagt zu Ihm: „Gott, du hast mich betrogen; willst du wirklich zu mir wie ein trügerischer Bach sein, wie ein Gewässer, das versiegt?"

Die Bibel lobt Gott und kritisiert Ihn zugleich so scharf, wie der menschliche Verstand es nur kann. Das beweist uns, daß sie die Wahrheit ist. Dann löst sie diese Gegensätze in einer höheren Harmonie auf.

* *
*

Viele sagen: „Ich habe schon eine Religion. Ist nicht die eine so gut wie die andere? Warum muß ich Christ werden?"

Es ist notwendig, weil das Christentum die Wahrheit

enthält. Die Religionen sind nicht alle gleich. Sie auf ein und dieselbe Ebene zu stellen, wäre, als ob wir sagten: „Ich liebe Musik so sehr, daß es mir egal ist, ob sie von Beethoven oder von den Beatles ist." Religiöse Menschen müssen einen Unterschied machen zwischen der richtigen Religion und der falschen.

Das Christentum ist die richtige Religion, weil es in seiner alles umfassenden Liebe alle anderen Religionen einschließt, ja, sogar die religionslose Richtung. Es ist die einzige Religion, in deren heiligem Buch geschrieben steht, daß wir nicht nur an „das Christentum" glauben sollen. Der Inbegriff des Christentums ist Liebe, und *Liebe glaubt alles*, nicht nur Christentum (1. Kor. 13,7).

Es ist die einzige Religion, die sagt, daß wir uns nicht darauf beschränken sollen, was sie lehrt, sondern entsprechend Phil. 4,8 darüber nachdenken sollen, was wahrhaftig ist, was ehrbar, was gerecht, was keusch, was lieblich, was wohllautend, ganz gleich, aus welcher Richtung es kommt. Und weil es bereits in allen Richtungen umschließt, was gut und recht ist, braucht es sich nicht mit irgendeiner anderen Religion zu vereinigen. Es ist *die* Religion.

* *
*

Es gibt viele Halbwahrheiten. Jesus ist *die* Wahrheit, die ganze Wahrheit.

Während Seines Erdenlebens folgten Ihm große Scharen. Er stellte ihnen nichts anderes in Aussicht als das Kreuz. Manche folgten Ihm, weil Er heilte und Brot gab. Aber die Vernunft kann nicht erklären, warum so viele Ihm selbstlos folgten, wenigstens eine Zeitlang. Normalerweise folgen die Massen ja nur den Demagogen, die ihnen den Himmel auf Erden versprechen, aber niemals geben können. Jesus wurde geliebt, weil die Glorie göttlicher Schönheit Sein Antlitz verklärte. Sünder folgten Ihm, weil Er

„voll Gnade und Wahrheit" war. Er sagte einfach: „Kommt zu mir!" und sie kamen. Er sagt zu Ihnen: „Komm zu mir!" – nur: Komm!

* *
*

Vielleicht sagen Sie: „Aber ich bin ein Mann der Wissenschaft. Ich kann nicht an alle Arten von Wundern glauben, wie zum Beispiel an die Jungfrauengeburt. Ich weiß, daß es Naturgesetze gibt, und die können nicht gebrochen werden." – Sie sind in bezug auf Jesus nicht gebrochen worden. Für ein Wesen wie Ihn war es das Natürlichste, von einer Jungfrau geboren zu werden. Für ein Wesen wie Ihn war es natürlich, Dinge zu tun, die kein anderer tun konnte.

Aber in jedem Fall sind die Jungfrauengeburt und andere wunderbare Geschehnisse Seines Lebens, die anzunehmen Ihnen schwerfällt, zweitrangig. Wenn jemand eine höhere Wahrheit einer geringeren gleichsetzt und beide vereinigt, leidet die höhere und stirbt schließlich an dieser Mesalliance. Niemand hat Sie je gerufen, zur Jungfrauengeburt zu kommen. Sie sind gerufen, zu Jesus zu kommen. So kommen Sie!

Aber tun Sie nicht leichthin die Jungfrauengeburt ab. Boris Pasternak, der Nobelpreisträger, der unter dem Kommunismus aufgewachsen ist, schreibt in „Doktor Schiwago": „Die wunderbare Geburt Christi lehrt uns, daß das Leben aus Seltenem bestehen sollte, statt aus Gewöhnlichem, aus Festlichem, statt aus Alltäglichem."

* *
*

Wir rufen Sie zu Jesus, nicht weil Er gut ist, sondern weil Er für Sie zur Sünde wurde. In diesem Sinne ist Jesus nicht über Ihnen; Er ist unter Ihnen. Um zu Ihm zu kommen, müssen Sie nicht einen schweren Aufstieg unterbrechen, sondern einen leichten Abstieg.

Wie oft haben Sie in Ihrem Leben gesündigt? Haben Sie hundert Menschen ermordet? Jesus hat die Ermordung von Millionen Menschen auf sich genommen. Haben Sie zehn Einbrüche verübt? Jesus hat Tausende von Einbrüchen auf sich genommen.

Wie oft haben Sie die Ehe gebrochen? Jesus hat die sexuelle Unkeuschheit von Millionen Menschen auf sich genommen. Ebenso verhält es sich mit Lügen und mit allen anderen Sünden.

Er begegnet einer Sünderin, einer kanaanäischen Frau, und redet sie mit einem bewundernden „O!“ an. In Matth. 8,10 steht geschrieben, daß Jesus, als Er die Worte des römischen Hauptmannes hörte, ihn bewunderte und es zum Ausdruck brachte.

Ein Verehrer Jesu zu sein, ist eine große Sache. Eine größere Sache ist es, von Jesus bewundert zu werden. Jesus wußte, daß der Hauptmann ein Sünder war, aber wie viele Sünden hatte er? Jesus nahm sie auf sich, als wären es Seine eigenen, viel mehr Sünden, als der Hauptmann hatte. Im Hohenlied Salomos (7,8) stehen die Worte, die der himmlische Bräutigam – Jesus – zu Seiner Braut sagt: „Ich muß hinauf auf den Palmbaum steigen.“ Sein Zugang zu uns ist ein Aufstieg. Unser Zugang zu Ihm ist eine Herablassung zum größten Sünder, der je existiert hat. Es hat niemals einen größeren Mörder, Dieb, Räuber oder Lügner gegeben als Jesus Christus – allerdings nicht in dem Sinne, als hätte Er alle diese Vergehen begangen, sondern in einer tiefgründigen Weise hatte Er sie auf sich genommen. Es sind *Seine* Sünden! Es ist leicht, zu Jesus zu kommen.

* * *

Gibt es positive Züge in Jesu Charakter und Lehre oder gibt es Fehler in Seinem Leben, die Ihnen nicht gefallen? Ihm gefielen sie auch nicht. Er wies energisch die Anrede „guter Meister" zurück, indem Er antwortete, daß nur Einer gut sei, nämlich Gott. Er fand nicht Gefallen an sich selbst; das bedeutet, daß, wenn Sie Ihn gefragt hätten: „Welche Meinung hast du über dich selbst?" Er geantwortet hätte: „Daß ich schlecht bin"; hatte Er doch alle Sünden aller Menschen aller Zeiten auf sich genommen. Er spürte ihre Last.

Auch wenn Ihnen an Seinem Erdenleben manches nicht gefällt, so kommen Sie dennoch zu Ihm. Er tat Dinge, die Ihnen mißfallen, weil Er Ihre und meine Sündhaftigkeit auf sich genommen hat.

Ich hatte einmal eine Vision. Voll Erstaunen sah ich mich in ein sehr niedriges Tal hinabsteigen. Ich hatte geglaubt, daß der Himmel über uns sei. Ein schöner Engel, der mich liebevoll leitete, erklärte mir, warum das Himmlische heruntergekommen und nun tiefer als jede Tiefe sei: weil nämlich nicht alle die Kälte der nordischen Gipfel ertragen könnten! Wie tief ich auch sein würde, das Himmlische würde immer noch tiefer sein. Wir wollen nicht nur in erhabenen Momenten im Himmel sein, sondern auch wenn wir am Verzweifeln sind.

* *
*

Eine arme Bäuerin brachte ihre Tochter als Magd in die Stadt. Von dem, was sie nach Hause schicken könnte, wollten sie einiges an Land und Vieh kaufen.

Die Tochter war schön und klug. Sie fand bald heraus, daß jemand wie sie ohne Arbeit mehr verdienen konnte als mit Arbeit. Es glückte ihr, reiche Liebhaber anzulocken; sie hatte bald einen nach dem andern, häufte Juwelen, Pelze und Autos an und führte ein vergnügtes Leben. Dabei vergaß sie völlig ihre alte Mutter. Eines Tages aber packte sie der Gedanke an die Mutter mit großem Schmerz. Sofort fuhr sie mit dem Zug nach Hause. Spät in der Nacht erreichte sie ihr Dorf. Sie fand das Tor zum Haus ihrer Mutter weit offen. Sie war erstaunt, weil sie wußte, mit welcher Umsicht es immer zugeschlossen wurde. Sie ging über den Hof und sah ein Licht im Zimmer, wo die Mutter schlief. Als sie auf der Schwelle stand, rief die Mutter von innen: „Bist du es, Johanna?"

„Ja, Mutter. Aber wie kommt es, daß das Tor so spät in der Nacht weit offen ist?" – „O Tochter, zehn Jahre lang, seit du weg warst, ist die Pforte nie verschlossen worden." „Und wie kommt es, daß in deinem Zimmer so spät noch Licht ist?" – „O Tochter, seit zehn Jahren ist das Licht nicht gelöscht worden. Eine Mutter wartete auf dich."

Das himmlische Jerusalem ist unsere Mutter und wartet auf uns.

* *
*

Sie fühlen sich unsicher: „Wenn ich Jesus annehme, muß ich auch die Bibel annehmen. Und es ist nachgewiesen, daß sie voller Fehler ist." Leute, die die Bibel nie in den Ursprachen gelesen haben, behaupten, daß sie keine Fehler haben könne. Ich kann Ihnen versichern, daß sie voll von „Fehlern" ist. Es wimmelt geradezu von grammatikalischen Fehlern. Sie sind sozusagen in jedem Satz. Luther wußte das, und seine Antwort war, daß Gott nicht Worte der Grammatik spricht, sondern wahre Wirklichkeiten. Sonne, Mond, Himmel, Erde, Sie und ich – wir sind Worte Gottes, Dichtung, Verse und Rhythmen Seiner Schöpfung. Natur und geistliche Wirklichkeit erscheinen in unserem Verstand als unvereinbar. Die Bibel ist fehlerlos, gerade weil sie diese Unvereinbarkeit widerspiegelt. Ein sehr häufiger grammatikalischer Fehler in der hebräischen Bibel ist zum Beispiel, daß das Hauptwort in der Einzahl steht und das Tätigkeitswort in der Mehrzahl. Die Frage ist nur: wessen Fehler ist es? Ich denke, daß die

Grammatik schuld ist, und nicht die Bibel. Im Deutschen wäre es, als würde man sagen: „Er tun etwas" statt „Er tut". Grammatikalisch ist es falsch, weil die Grammatik falsch ist. Die Grammatik beginnt mit der Voraussetzung, daß es ein Einheits-„Er" geben kann, das tut. Aber jedes „Er" ist sehr komplex, mit vielen sich widersprechenden Regungen. Jedes „Er" ist eine Vielfältigkeit. Also muß das Verb, das zu ihm gehört, in der Mehrzahl sein. So kommt es, daß die Bibel voller „Fehler" und doch immer richtig ist. Unsere Normen von richtig und falsch, mit denen wir die Bibel messen, könnten falsch sein. Die Bibel enthält nur deshalb Fehler, weil unser Begriff von dem, was ein Fehler ist, fehlerhaft ist.

* *
*

„Aber wenn man Jesus annimmt, vergeudet man mit dem nutzlosen Halleluja-Singen seine Zeit. Nebenbei gesagt, wozu braucht Gott eigentlich unser Lob? Warum ist Er so ehrsüchtig auf Geltung aus?"

O nein, Er braucht Ihr Lob nicht. Für *Sie* ist es notwendig, Ihn zu preisen. Er ist das absolut Gute. Wenn Sie nicht Ihn preisen, werden Sie sich selbst oder untergeordnete Wesen loben und sich dadurch den Weg zum Fortschritt versperren.

Pasteur hätte nicht bescheiden sein sollen. Menschen wie er müssen sich behaupten. Das Leben Tausender hängt von der Anerkennung solcher Männer ab. Wieviel mehr ist demnach Gott gerechtfertigt, wenn Er nach Lob fragt.

* *
*

Ich rufe Sie zu Jesus, weil Er aus Ihnen einen heiligen Menschen machen kann; und die Welt braucht Heilige. Wir haben einen Überfluß an Politikern gehabt, deren

Entscheidungen ungezählten Millionen in sinnlosen Weltkriegen und Revolutionen das Leben gekostet haben. Wir haben einen Überfluß an Wissenschaftlern gehabt, die die betreffenden Herrscher der Nationen mit Kriegsausrüstungen versorgten und es heutzutage mit Todeswaffen tun. Wir haben einen Überfluß an Missionaren vieler Religionen gehabt, welche die religiöse Unsicherheit stifteten, die jetzt in der Welt herrscht. Es gibt nicht genug Heilige. Wir brauchen einen mehr. Dieser eine sollten Sie sein. Kommen Sie zu Jesus!

* *
*

Ihre Beziehung zu Ihm wird vielfältig sein. Manche kennen Ihn nur als ihren Heiland. Das käme dem gleich, einen Menschen nur als seinen Zahnarzt zu kennen. Jesus ist mehr als ein Retter. Er will Ihr Herr sein. Er will Ihr Kind sein, wie Er das Kind der Jungfrau Maria war. Jesus sagt selten Worte, wie: „Wer den Willen meines Vaters im Himmel tut, der ist . . . meine Mutter" (Matth. 12,50). Er will Ihr Bruder sein. Er will Ihr Bräutigam sein. (In den Sprachen der Bibel – hebräisch und griechisch – sind die Worte der Seele, „neschama" und „psyche", weibliche Substantive.) Jesus ist der Mariensohn, der Menschensohn, der Sohn Davids, der Sohn Gottes. Jesus hat Seine Mutter nie Mutter genannt, immer nur „Frau", weil das Wort Mutter Seine Beziehung zu ihr zu sehr begrenzt hätte. Er war nicht nur ihr Sohn, sondern auch ihr Erlöser.

So wird Er auch in Seiner Beziehung zu Ihnen sehr unterschiedlich sein. Aber mehr noch – Er wird so, wie Er in sich selbst ist, Ihnen zugehören, und das übersteigt jede nur mögliche Verbindung mit einem menschlichen Wesen. Sie werden nicht nur jemand haben, der Sie rettet und der Sie unterrichtet – Sie werden JESUS haben.

Vielleicht haben Sie schon einmal eine Kirche während der heiligen Kommunion besucht. Wenn nicht, tun Sie es aus Neugierde. Sie werden einen Priester oder Pastor über einem Stück Brot die Worte sagen hören: „Nehmet hin und esset; dies ist mein Leib, für euch gebrochen." Er meint damit den Leib Jesu. Dann reicht er einen Kelch mit Wein herum und sagt: „Dies ist mein Blut, für euch vergossen zur Vergebung der Sünden."

Und die Gläubigen essen und trinken und bringen durch diese Handlung zum Ausdruck, wie sehr sie sich die Persönlichkeit Christus aneignen.

Jesus sagt, daß Er alle Sünden der Welt – das bedeutet auch Ihre Sünden, alle von Ihnen – auf sich nimmt, und daß Er Ihre Bestrafung trägt und dafür am Kreuz stirbt.

Wenn Sie zu Jesus kommen und Christ werden, werden Sie das Recht haben, an der heiligen Kommunion teilzunehmen. Die Worte des Pfarrers: „Dies ist mein Blut, für euch vergossen" werden Ihnen die gute Botschaft bringen, welche immer rechtskräftig bleibt, daß jede Ungerechtigkeit, die von Ihnen begangen wurde, „ungetan" ist, daß alles Falsche in Ordnung gebracht, und das, was verbogen war, geradegemacht wurde. Sie werden imstande sein, zu sagen: „Ich bin gerechtfertigt." Und das bedeutet: „Ich bin so richtig, als ob ich nie gesündigt hätte." Sie sind von der Vergangenheit für immer befreit. Sie sind sich der Sünden nicht mehr bewußt. Ihre bösen Taten sind nicht verbessert worden, sondern ausradiert; Ihre bösen Gedanken sind ausgelöscht worden; Ihre bösen Worte sind durchgestrichen. Das Heil durch Christus ist ganz und vollständig. Die Rettung durch Ihn umfaßt das Äußerste.

Sie haben die Wahl, das Opfer, das Christus um Ihretwillen brachte, anzunehmen oder die Verantwortung für Ihre Sünden selbst zu tragen. Nehmen Sie es nicht leicht. Gott rechnet nicht am Ende jeder Woche ab, aber am Ende rechnet Er ab.

Überlegen Sie es sich gut. Wie wollen Sie sich für alle Ihre Sünden verantworten? Wäre es nicht besser, Seine

Rettung anzunehmen? Sie müssen nur an Ihn glauben, um gerettet zu werden. Sie brauchen Ihn nicht einmal für Ihre Sünden um Vergebung zu bitten.

* *
*

Ein interessanter Teil des Evangeliums ist, was nicht geschrieben steht. So werden Sie niemals erwähnt finden, daß jemand Jesus um Vergebung gebeten hat. Das Volk schaute auf Sein Antlitz und sah dort Vergebung geschrieben. Petrus redete einmal Unsinn, so daß Jesus ihn „Satan" nennen mußte. Bei einer anderen Gelegenheit zankten sich die Jünger um den höchsten Platz im Königreich. Als Jesus am meisten Trost brauchte, schliefen Seine Jünger; sie verließen Ihn und flohen. Petrus verleugnete Ihn und schwor dazu. Aber es schien keinem von ihnen in den Sinn zu kommen, deswegen zu Jesus zu sagen: „Es tut mir leid." So werden auch Sie solche Worte nie zu gebrauchen haben. Kommen Sie zu Jesus, selbst wenn Ihr Herz zu stolz ist, um zuzugeben, daß Sie gefehlt haben. Zu vergeben, ist Sein Beruf.

Er rettete Maria, Seine Mutter. Was war natürlicher als das. Sie war Sein Fleisch. Aber es steht von allen Christen geschrieben, daß sie „Glieder Seines Leibes sind, von Seinem Fleisch und Gebein" (Eph. 5,30). Wenn ich ein Christ bin und Er nimmt mich nicht in den Himmel, wird Ihm dort etliches an „Fleisch und Gebein" fehlen. Kann man sich vorstellen, daß Er uns lieber nicht retten würde?

Ihre Sündhaftigkeit ist kein Hindernis für Ihre Erlösung. Im Gegenteil, sie ist gerade das, was Ihn antreibt, Sie zu retten. Er versteht alle. Deshalb vergibt Er allen. Wenn Sie es können, so beten Sie zu Jesus in der Art, wie Maria Magdalena es in „Doktor Schiwago" tut: „Wie ich mein Haar losbinde, so binde mich von meinen Sünden los . . ." Wenn Sie nicht beten können, lassen Sie es, und kommen

Sie zu Jesus ohne Gebet. Er vergibt. Er weiß, was die Folge sein wird.

* *
*

Es lebten einmal zwei Brüder: Der ältere war ein frommer und guter Mann, der jüngere ein Schuft. Der ältere bat oft den jüngeren, seinen Lebenswandel zu ändern. Er betete für ihn. Aber alles war vergebens. Der junge Mann verstrickte sich in immer schlimmere Sünden, bis er eines Abends mit blutbefleckten Kleidern ins Zimmer seines Bruders stürzte und schrie: „Rette mich! Die Polizei ist hinter mir her. Ich habe ein Verbrechen begangen." Der andere erfaßte die Situation. Es blieb nicht viel Zeit zum Nachdenken. Er sagte zu dem Kriminellen: „Tauschen wir die Kleider!" Kaum war das geschehen, war die Polizei schon da und verhaftete selbstverständlich den älteren Bruder, der die blutbefleckten Kleider anhatte. Vor Gericht verteidigte er sich nicht, sondern sagte im Gegenteil: „Ich trage die volle Verantwortung für das Verbrechen."

Die Richter zweifelten nicht an seiner Schuld, denn er war von Anfang an beschattet und mit den Blutspuren auf seinen Kleidern gefunden worden. Er wurde zum Tode verurteilt. Als man ihn nach seinem letzten Wunsch fragte, sagte er: „Ich habe nur einen – daß mein Bruder diesen Brief, den ich geschrieben habe, im Augenblick meiner Hinrichtung erhalten möge."

Am nächsten Tag erhielt der junge Mann den Brief und las: „In diesem Augenblick sterbe ich in den blutbefleckten Kleidern für Deine Sünde. Ich bin glücklich, dieses Opfer für Dich zu bringen. Und ich bin überzeugt, daß Du von nun an in den weißen Kleidern, die ich Dir zurückließ, ein reines und geheiligtes Leben führen wirst."

Der Jüngling war überwältigt von Reue. Er versuchte die Hinrichtung zu verhindern. Es war zu spät. Aber sooft ihn seine ausgelassenen Kameraden von einst zu neuen bösen

Handlungen holen wollten, antwortete er sinngemäß wie folgt: „In den reinen Kleidern, die mir mein Bruder zurückließ, der um meinetwillen starb, kann ich nicht mehr die bösen Dinge tun wie früher."

Jesus weiß, daß dies auch in Ihrem Herzen die Frucht Seines Opfers sein wird. Er wird Sie retten, wie sündig Sie auch sein mögen.

Wenn Judas zu Jesus gekommen wäre, anstatt zu versuchen, seine schauerliche Vergangenheit mit seinen schauerlichen Komplizen zu meistern, würden wir ihn heute vielleicht als heiligen Judas kennen.

Wie ein Radiergummi Fehler ausradiert, so radiert Jesus Sünden aus.

* *
*

2

Die Engel waren nicht angewidert von den Schwären am Leichnam des Bettlers, der Lazarus hieß. Sie brachten ihn ins Paradies. Jesus, der während Seines Erdenlebens keinen Platz hatte, wo Er Sein Haupt hinlegen konnte, ist nicht wählerisch. Gern nimmt Er Ihr Heim und Ihr Herz als Ruheplatz an. Es ist sicher besser als nichts.

Sie haben Sünden, und sie sind rot wie Scharlach. Wenn eine Lichtquelle sich vom Beobachter entfernt, ist der spektrale Strahl, der mit dieser Ausstrahlung korrespondiert, rot. Sünden werden in der Schrift rot genannt, weil sie eine riesige und ständig zunehmende Distanz zwischen uns und Gott entstehen lassen. Das Weiß der Reinheit steht jedoch zu Ihrer Verfügung. Weiß ist die Fülle des Lichts. Jesus ist das Licht der Welt. Sie können Ihn haben.

Nur so können Sie gerecht werden. Alles andere ist dummes Gerede.

Wir halten uns ohne dieses Licht nur deshalb für gerecht, weil wir nicht das Gesetz Gottes kennen.

Ein Bramane rühmte sich, nie ein lebendes Wesen umgebracht zu haben. Da zeigte ihm ein Missionar einen Wassertropfen unter dem Mikroskop. Der Bramane war entsetzt, daß er mit jedem Schluck Wasser unzählige Lebewesen vernichtet hatte. Um sein Gewissen zu erleichtern, fand er sofort eine Lösung: Er zerstörte das Mikroskop! Aus demselben Grund meiden wir die christliche Religion, würde sie uns doch unseren wahren Zustand zeigen – daß wir sündig sind!

Sobald wir erkennen, daß wir sündig sind, verabscheuen wir uns. Wir sind vom Zustand unserer Seele angewidert. Aber Gott ist anders. Nichts bereitet Ihm größere Freude, als Erbarmen zu haben. Graf von Zinzendorf schrieb einmal: „Niemand wird teilhaben an der Gnade Gottes, der von eigener Größe etwas zurückhält und etwas aufzeigen kann. Jesus ist den Menschen dankbarer, die Ihm erlauben, etwas für sie zu tun, als denen, die Ihm etwas Gutes tun wollen. Was könnte Jesus für einen gerechten Menschen tun? Er sucht jemand, der in großer Not ist, und niemand ist in größerer Not als ein Sünder."

* *
*

Ein Prinz stieß einst auf eine verhungernde Tigerin. Drei Junge versuchten an ihrer Brust zu saugen, aber da war keine Milch. Da dieser Prinz ein Heiliger war, tat ihm die Bestie leid. Er wußte, daß Selbstaufopferung die größte aller Tugenden ist. Er legte sich neben der Tigerin nieder und schnitt sich in den Arm, damit der Anblick des Blutes ihre natürlichen Gelüste wecken würde.

Er wurde von ihr verzehrt. Die Tigerin aber überlebte mit ihren Jungen.

Wir beleidigen Tiger, wenn wir sie mit Menschen vergleichen. Tiger fressen nicht ihre Artgenossen. Menschen töten andere Menschen, auch wenn sie keine Kannibalen sind. Hitler tötete Millionen Menschen, und doch war er ein Vegetarier.

Menschen hatten getötet, hatten die raffiniertesten Mittel von Grausamkeit und Sünde angewandt. Jetzt waren sie am Ende. Die Menschheit lebte in Sünde und hatte bereits alle Sünden begangen, bis auf eine – den Gottesmord. Die Menschen hatten sich gegenseitig betrogen, aber nie einen Gottessohn verkauft.

Nun kam Jesus zur Menschheit und legte sich neben der Tigerin nieder. Er weckte ihre Grausamkeit und ihren Haß. Um weiterleben zu können, mußte sie Seinen Leib essen und Sein Blut trinken, wie Er es vorausgesagt hatte. Die Tigerin verzehrte Jesus.

Und siehe, die bestialische Menschheit kann wieder leben! Dieses Verbrechen der menschlichen Rasse veranlaßte die Michelangelos und Leonardos, es in Malerei und Skulptur zu verewigen; es veranlaßte Bach und Händel, es in der Musik wiederzugeben; und die Menschheit übersetzte und druckte die Geschichte vom Gottesmord in 1000 Sprachen. Die christliche Zivilisation ist auf diesem Verbrechen aufgebaut. Die Tiger leben von diesem Verbrechen – die Borgias, die Torquemadas, die nichtexkommunizierten Katholiken Hitlers aller Jahrhunderte. Dieses Verbrechen hat den Tigern erlaubt, riesige Schätze anzuhäufen, von denen eine fette Geistlichkeit lebt. Aber dieses Verbrechen war für manche Tiger das letzte. Entsetzt darüber, was er getan hatte, wurde mancher Tiger zahm. Er rettete Leben, anstatt sie zu zerstören. Vielleicht können Sie jetzt verstehen, was Jesus für uns getan hat.

* *
*

Im Kolosserbrief 1,14 steht geschrieben, daß wir in Christus die Erlösung durch Sein Blut und sogar die Vergebung der Sünden haben.

Wenn Sie, um ein Beispiel anzuführen, Staatsangehöriger der Vereinigten Staaten sind, haben Sie das Privileg, in einem freien Land zu leben und die Wohltaten seiner sozialen Fürsorge zu teilen. In ähnlicher Weise hat derjenige, der zu Christus gehört, gewisse Privilegien, wie die Erlösung und die Sündenvergebung. Wir brauchen Erlösung, weil wir Sünder sind.

Dostojewski schrieb: „Jeder von uns ist in jeder Hinsicht und an jedem Menschen schuldig geworden."

In 2. Chronik 15,17 wird Asa, dem König von Juda, vorgeworfen, daß Götzenanbetungsplätze in einem anderen Land, in Israel, nicht entfernt worden seien.

Wertvolle soziale und religiöse Einrichtungen Ihres Landes können durch ihr Vorbild einen guten Einfluß auf ähnliche Institutionen in einem anderen Land haben. Sind auch Sie so verantwortlich für das, was anderswo geschieht. Sie brauchen Rettung, und Sie können sie durch Jesus haben.

* *
*

Jesus kann retten, weil Er Sein Leben hingab, um Sie gerecht zu machen. – Der japanische Philosoph Ekken schreibt: „Wenn ein Mensch sein Leben nicht für eine gerechte Sache hingeben will, kennt er nicht die Wechselwirkung von Gerechtigkeit und Leben."

* *
*

Jesus kann retten, weil Er der Gott-Mensch ist. Genauso, wie manche chemische Elemente sich nur mit bestimmten anderen verbinden können, und nicht mit allen, ist der Mensch das einzige Wesen, das mit Gott vereinbar ist. Gott konnte nicht zu einem Tier, einem Teufel, einem Gemüse oder zu einem Mineral werden.

Nur ein Gott-Mensch war möglich, denn wir gehören derselben Gattung an; das heißt – wir beide sind personenhaft. Deshalb gibt es zwischen dem Menschen und Gott keine Möglichkeit, „ich" und „er" zu unterscheiden. Es ist möglich, Gott und den Menschen von Tieren und Dingen zu unterscheiden. Man kann eine Frucht nur einem Obstbaum einpfropfen. Niemals kann man Gemüse in einen Obstbaum pfropfen. Man kann nicht ein Rhinozeros und ein Insekt paaren. Man kann verschiedene Rassen von Schafen paaren und Kreuzungen erhalten. Die Tatsache, daß Gott Mensch werden konnte, wirft Licht auf die Eigenart des Menschen. Ein unbekannter griechischer Dichter, der in der Bibel zitiert wird (Apg. 17,28), sagt mit Recht: „Wir sind göttlichen Geschlechts."

Gott konnte nur Mensch werden. Die menschliche Sünde zog Ihn an. Er nahm sie auf sich. Er gab Sein Blut für unsere Sünden und rettete uns auf diese Weise.

* *
*

Sie sind ein Sünder. Dafür können Sie nichts.

Ich könnte häßlich oder mißgeformt oder mit einem niedrigen IQ geboren sein. Dies wäre für mich eine schreckliche Belastung, der ich ins Auge sehen und mit der ich mich abfinden müßte, obgleich ich keine Schuld daran hätte.

Ich bin als Sünder geboren. Meine Eltern und alle meine Vorfahren waren Sünder. Es war nicht meine Wahl. Das hebräische Wort für „Sünde" bedeutet: „das Ziel verfehlen." Keiner von uns erlangt den Ruhm, den wir haben könnten, wenn uns die Sündhaftigkeit nicht angeboren wäre. Sie ist da, ohne daß wir persönlich schuld sind.

Im Alten Testament wird die Geschichte von Joseph erzählt, einem Juden, der Regent von Ägypten war. Er klagte seinen Bruder Benjamin an, weil in dessen Sack sein Silberbecher gefunden wurde. Der Becher war wirklich in

Benjamins Sack gefunden worden. Aber es ist auch wahr, daß Joseph seinen Sklaven befohlen hatte, ihn dort zu verstecken. Josephs Absicht war, ein Gefühl der Solidarität bei seinen Brüdern nachzuprüfen, hatten sie sich doch in der Vergangenheit als sehr selbstsüchtig gezeigt und waren sogar so weit gegangen, ihren Bruder in die Sklaverei zu verkaufen. Joseph wollte sehen, ob sie Benjamin seinem Schicksal überlassen würden, unschuldig als ein Dieb leiden zu müssen, oder ob sie in seiner höchsten Not zu ihm stehen würden. Glücklicherweise bestanden sie den Treutest. Und so konnten sie dann zu ihrem Vater in großen Ehren und mit einer Fülle von Geschenken zurückkehren.

Sünde ist eine Tatsache des Lebens. Ihr Ursprung liegt in längst vergangenen Zeiten, an deren Vorgängen wir keinen persönlichen Anteil hatten. Es ist eine Tragödie, in die wir alle verwickelt sind. Sie ist zu tief, um ergründet zu werden. Es ist eine Tragödie, vielleicht vergleichbar einer Deformation oder einer Disposition zu vielen schmerzhaften und todbringenden Krankheiten, mit denen man geboren werden kann. Wir zucken nicht die Achseln, wenn wir im Krankenhaus sind, und sagen: „Ich habe diesen Virus nicht geschaffen." Wir bekämpfen ihn: Eine Krankheit möge für uns geistliche Bedeutung und Wert haben. Unsere Sündhaftigkeit hat ihren Sinn im Universum. Sie eint uns mit allen anderen Sündern. Damit hört alles wechselseitige Richten auf.

Dostojewski erzählt die Geschichte von einem Engel, der im Himmel nicht Ruhe fand, weil die Bewohner der Hölle so gequält wurden. Immer wieder fuhr er zu ihnen hinunter und beschwor sie, nachzudenken, ob sie sich nicht wenigstens an eine gute Tat erinnerten, die er vor Gott bringen könnte mit der Bitte um ihre Befreiung. Aber diese Armen hatten nichts Gutes getan. Schließlich erinnerte sich eine Dame, daß sie einem Bettler eine Zwiebel gegeben habe. „Ist das nicht eine gute Tat?" – „Sicher ist das eine gute Tat", entgegnete der Engel. Er flog zu den himmlischen Archiven und fand in ihrem Register eine Anmerkung über die Zwiebel. Dann brachte er eine Zwiebel in die Hölle und sagte zur Frau: „Halten Sie sich mit Ihrer Hand an der Zwiebel fest. Ich werde sie auch halten, und wir werden aufwärts fliegen. So kommen Sie in den Himmel." Gesagt, getan. Die Zwiebel hielt gut. Das Körpergewicht der Frau brach sie nicht entzwei. Sie flog nach oben. Als die anderen in der Hölle das sahen, griffen sie nach ihren Kleidern, Armen und Beinen. Andere packten die Füße derer, die sich an die Frau geklammert hatten. Einer Traube gleich hingen große Mengen unter ihr. Die Zwiebel widerstand dem Gewicht. Sie alle waren auf dem Weg zum Himmel. Die Frau blickte jedoch nach unten und sah die Menge. Sie bekam Angst, daß die Haut reißen könnte und sie herunterfallen würde. Da stieß sie mit ihren Ellbogen die andern weg und schrie: „Bleibt in der Hölle, ihr Sünder! Ihr habt nie etwas Gutes getan!" In diesem Moment zerbrach die Zwiebel. Selbst ein Sünder, hatte sie andere gerichtet. Das war das Ende all ihrer Hoffnung. Weil wir alle Sünder sind, sollen wir einander lieben und nicht richten.

Suchen Sie nicht nach der Ursache Ihrer angeborenen Sündhaftigkeit. Davon erzählt die Geschichte von Adam und Eva. Nehmen Sie die Tatsache an, daß Sie ein Sünder sind. Ihre Sündhaftigkeit hat einen Sinn – die Erlösung! Jesus bietet das Heil an. Lassen Sie sich von der Sünde, der furchtbarsten Todeskrankheit der Welt, befreien!

Coolidge, ehemaliger Präsident der Vereinigten Staaten, war ein Mann weniger Worte. Als er an einem Sonntag vom Gottesdienst kam, fragte ihn seine Gattin: „Worüber hat der Pastor gepredigt?" – „Über Sünde", war seine Antwort. Sie fragte weiter: „Und was hat er gesagt?" Coolidge erwiderte: „Er ist dagegen."

* *
*

Jesus liebt Seine ganze Schöpfung. Ich weiß das von Seinen Jüngern. Der heilige Isaak betete jeden Tag für die ganze Schöpfung. Ich tue es auch. Jesus muß mindestens ebenso gut sein. Niemand ist von Seiner Liebe ausgeschlossen.

Nun gehört zu dieser Schöpfung ein Menschengeschlecht, dem eine große Katastrophe widerfuhr: es fiel in Sünde. Das Leben eines jeden von uns ist dadurch verdorben worden. Nicht einer hat dem Schandfleck auf seinem Namen entrinnen können.

Mit der Erinnerung an vergangene Sünden quälen wir uns und andere. Es gibt heute unzählige Unruhestifter in der Welt. Aber niemand ist ein Unruhestifter, es sei denn, er ist selbst beunruhigt. Was ihn beunruhigt, sind tief verwurzelte Komplexe, die sehr oft Folgen vergangener Sünden sind.

Wie kann man also mit der Sünde fertig werden? In alter Zeit legten Menschen ihre Hände auf ein Tier, wodurch Sühne für ihre Sünden getan wurde. Bei manchen Völkern war das Ritualopfer nicht ein Tier, sondern ein anderer Mensch, gewöhnlich ein Sklave. Solche Ritualmorde existieren unter primitiven Völkern sogar heute noch.

Die Bibel sagt uns in Hebr. 10,6, daß Gott an Brandopfern und anderen kein Wohlgefallen hat. Unsere vergangenen Sünden sollten niemand in der Welt quälen dürfen. Sie sollten nicht unsere Mitmenschen belästigen. Auch uns selbst sollten sie nicht mit endlosen Gewissensbissen peinigen. Vergangene Sünden dürfen nicht ein Grund sein, die Taschen des Klerus zu füllen, um Absolution zu erhalten. Sünde darf nicht ein Grund sein, Energie zu vergeuden. Akzeptieren Sie ruhig die Tatsache, daß wir Sünder sind!

Wir sind nicht durch Sündigen Sünder geworden. Wir sündigten, weil wir Sünder sind. Sie werden nicht ein Dieb werden, weil Sie stehlen. Sie stehlen, weil Sie ein Dieb *sind.* Sündhaftigkeit ist Ihre eigentliche Natur, wie es die Natur eines jeden Menschen ist. Nur Jesus ist eine Ausnahme. Wer sonst auf der Erde als Mensch gelebt hat, ist nichts anderes als ein Sünder gewesen. Sie müssen die Tatsache akzeptieren, daß Sie eine Nase, Haare und Lungen haben. Diese gehören zum Menschsein. Akzeptieren Sie auch die Tatsache, daß Sie ein Sünder sind! Sünde gehört zum Menschsein.

Auch Heilige sündigen. Die Apostel waren Sünder. Jesus sagte ihnen, Jerusalem und der jüdische Staat würden so zerstört werden, daß kein Stein auf dem anderen bleibe (Mark. 13,3). Sie beteten nicht für ihre Bewahrung. Die bevorstehende Tragödie bewegte sie nicht. Sie wollten lediglich ihre Neugier befriedigen, *wann* das geschehen würde, obgleich dies Tod und Sklaverei für Millionen Unschuldiger bedeutete. Sie reagierten auf Jesu Worte wie Sünder.

Solange wir auf der Erde leben, werden wir immer Sünden haben, wie wir immer Nasen haben werden. Sie gehören zur menschlichen Natur. Aber wir können so weit kommen, daß wir „kein Gewissen mehr von den Sünden haben" (Hebr. 10,2).

Das Leben vieler von uns gleicht einem Auto, das nur Rücklichter hat, damit der Fahrer im Rückspiegel feststellen kann, wie viele Hühner oder Hunde er überfahren hat. Wir sollten Frontlichter haben, um zu verhindern, daß wir jemand überfahren. Es gibt eine Möglichkeit, so zu leben, daß wir nicht durch Sünden von gestern belastet sind. Wir sollten darauf achten, die heutigen Pflichten nicht zu vernachlässigen und keine falschen Pläne für die Zukunft zu schmieden.

Die Vergangenheit ist ausgelöscht, weil Jesus um unserer Rettung willen Sein Blut gab. Darüber schreibt Justin, der Märtyrer: „Es war nicht aus menschlichem Samen, sondern von himmlischer Kraft." Christi Blut unterschied sich von unserem dadurch, daß es von Sünde reinigen konnte.

Jesus gebrauchte absichtlich den psychologischen Mechanismus der Übertragung, die eine der mächtigsten Regungen der menschlichen Seele ist.

Es gehört zur sündigen Natur des Menschen, einen Sündenbock für alles, was schiefläuft, zu suchen. Hat man etwas verlegt und kann es nicht finden, fühlt man sich besser, wenn man Frau oder Kind beschuldigt. Man vermißt zwar immer noch den Gegenstand, aber man fühlt sich bei der Annahme erleichtert, daß jemand anders der Schuldige ist.

Ein Kind verletzt sich an einem Stuhl oder Tisch. Wenn die Mutter den „bösen" Stuhl schlägt, der das Kind verletzt hat, fühlt das Kind keine Schmerzen mehr und fängt an zu lachen.

Gewissenlose Politiker benutzen oft diesen Mechanismus der Übertragung, indem sie die ganze Schuld für etwas, das in der Welt falsch ist, auf die Juden, auf die Schwarzen, auf die Weißen, auf die Kommunisten, auf die Bourgeoisie, auf den König oder auf die Oppositionspartei schieben.

„Amerikanische Imperialisten" sind der Sündenbock für die Armut auf der Welt. Doch der amerikanische Imperialismus ist erst sechzig Jahre alt! Lange bevor er entstand, gab es Armut. Es gab Armut vor der Entdeckung Amerikas. Es gab Armut, bevor der erste Kapitalismus in Erscheinung trat. Es gab Armut unter dem Feudalsystem, während der Sklaverei und unter dem primitiven Kommunismus. Es gibt Armut unter dem Sozialismus – aber wir alle brauchen einen Sündenbock!

Nun hat auch Jesus diesen Mechanismus der Übertragung, der so oft mißbraucht wird, angewandt, und zwar in einem guten Sinn. Menschen suchen einen Sündenbock, aber etwas im Menschen macht ihm wenigstens zum Teil klar, daß seine Vorstellung von der Schuld des Sündenbocks unlogisch ist. Antisemitismus existierte vor Hitler, Tyrannei vor den Bolschewiken. Eine Person oder eine Institution kann nicht schuld sein an sozialen Problemen, die so alt sind wie die Menschheit selbst. Aber die Menschen brauchen einen Sündenbock.

Deswegen wurde der Schöpfergott Mensch und sagt zu uns: „Ich übernehme die volle Verantwortung für alles, was in meiner Schöpfung geschieht. Ich wußte, als ich den Menschen schuf, daß er in Sünde fallen würde, aber dennoch schuf ich ihn. So nehme ich auch die Verantwortung für eure Sünden auf mich. Anstatt andere Sündenböcke zu suchen, legt alle eure Sünden auf mich. Ich will sie gerne sühnen. Ich will für eure Sünden die Strafe büßen." Dies befriedigt den menschlichen Geist. Endlich haben wir das wahre Lamm gefunden, auf das die Sünden der ganzen Welt gelegt werden können. Es stirbt für unsere Sünden, und wir leiden nicht mehr unter einem schlechten Gewissen.

Wir haben im Vater im Himmel einen mächtigen Fürsprecher, der in allen Dingen versucht ist, gleich wie wir.

Ich war lange in einem kommunistischen Land gefangen. Mit mir waren viele Richter und Staatsanwälte verurteilt, weil sie einst Kommunisten verhört hatten. Als diese Richter und Anwälte, die früher das Gesetz gehandhabt hatten, nun selbst gezwungen waren, die Härten des Gefängnislebens zu ertragen, sagten sie alle, daß sie nie mehr so strenge Urteile fällen würden wie zuvor. Sie hatten sich nie klargemacht, daß fünf Jahre Gefängnis auf dem Papier nicht dasselbe sind wie fünf Jahre hinter Gittern. Niemand verbringt fünf Jahre im Gefängnis. Jeden Tag erlebt man besonders, und jede Minute eines jeden Tages ist eine Pein für sich. Die Erfahrung des Leidens ändert die Auffassung des Menschen hinsichtlich der Frage der Bestrafung.

Die Menschwerdung Jesu Christi und Sein Tod am Kreuz boten nicht nur denen das Heil an, die an Ihn glauben sollten, sondern bereicherten auch die Gottheit selbst! Deshalb heißt es im Lied Salomos (3,11): „Gehet heraus und schauet an, ihr Töchter Zions, den König Salomo in der Krone, damit ihn seine Mutter gekrönt hat am Tage seiner Hochzeit und am Tage der Freude seines

Herzens." Salomo ist hier als ein Urbild Jesu Christi zu verstehen. Von Ewigkeit her hat Jesus Christus viele Kronen, aber die allerschönste ist Ihm von Seiner Mutter Maria gegeben worden, als Er, ein Gott, in die menschliche Natur einging. Gott hat die Menschen immer gerecht gerichtet, doch aus göttlicher Sicht. Aber nachdem Gott Mensch geworden war, sah Er das menschliche Leben aus menschlicher Sicht. Nun wußte Er aus Erfahrung, was es bedeutet, ein armes Kind einer verachteten Rasse zu sein, Hunger zu haben, keinen festen Wohnsitz, vom anderen Geschlecht versucht sowie gegeißelt und ungerecht verurteilt zu werden. Gott ist durch die Erfahrung Jesu Christi bereichert worden. Er rettet nicht nur, sondern – wie es im griechischen Urtext des Kolosserbriefes heißt – „Er schmückt unsere Vergehen". Gott fügt unserer Übertretung die Gnade Seiner eigenen menschlichen Lebenserfahrung hinzu. Er hat für unsere Vergehen volles Verständnis und vergibt sie von ganzem Herzen.

* *
*

Bei einem Besuch Jerusalems findet man etwas, was den Durchschnittsbesucher verwirrt, der Geistliche jedoch erwarten dürfte. Es gibt zwei Orte, die man als den Garten Gethsemane, wo Jesus verhaftet wurde, in Erwägung zieht; mehrere Orte der Kreuzigung, zwei Gräber, in denen Er lag, und mehrere Orte Seiner Himmelfahrt. Dies entspricht ganz dem, daß ein Evangelium Seine Kreuzigung auf die dritte Stunde legt, ein anderes jedoch auf die sechste. Nach einem Evangelisten nahm der Verräter Judas am heiligen Abendmahl teil, nach einem anderen war er abwesend. Geschichtlich gesehen, geschahen das Opfer auf Golgatha und die damit verbundenen Vorgänge nur einmal. Aber dies war der Ausdruck eines liturgischen, kosmischen Dramas, das ununterbrochen zu verschiedener Stunde, an verschiedenen Orten und unter verschiedenen Umständen geschieht, wie die Mauern von Jericho, der verfluchten Stadt, nach Aussage der Archäologen zu verschiedenen Zeiten der Geschichte gefallen sind. Die zum Leib Christi gehören, sind immer durch Leiden in Gethsemane, durch Kreuzigungen und Himmelfahrten gegangen und gehen weiterhin! Jesus litt, damit wir gerettet werden könnten. Das war ein einmaliges Ereignis. Christen leiden in Verfolgungen, damit andere von der Rettung erfahren; das Blut der Märtyrer ist der Same der Kirche.

* *
*

Hinter Jesus und Seiner leidenden Kirche steht der Vater, der Seinen Sohn für unsere Erlösung opfert.

Ist es recht, ein unschuldiges Wesen für die Erlösung von Sünden zu opfern? Gemäß unseren menschlichen Normen nicht! Wir würden einen Menschen nicht für gerecht halten, der, ausgerüstet mit der Macht, Böses zu verhindern, dennoch seinen Sohn hingibt, damit man ihn geißelt, bespuckt und kreuzigt, um dadurch Kriminelle vor der wohlverdienten Bestrafung zu retten. Gott ist gerecht, aber Er hat eine besondere Gerechtigkeit, die wir Ihm durch den Glauben zuschreiben. Nur wenn wir das tun, nur wenn wir einen Gott als gerecht ansehen, der es gemäß unseren Normen nicht ist, können wir verstehen, daß Gott Sünder als gerecht ansieht, denen gemäß göttlicher Normen nur Verdammung zusteht.

Wir können Gottes Wege nicht begreifen, aber wir wissen aus Seinem Wort, daß Er durch Liebe dazu getrieben wird. Es ist Liebe, die uns von Sünde befreit. Liebe befreit immer. Das Wort „frei" kommt von dem alten etruskischen Wort „freo", dem gotischen „frion"; beides bedeutet „lieben".

Im Makedonisch-Romanischen gibt es nicht das Wort „lieben". Statt dessen gebraucht man das Wort „wollen".

Gott liebt Sie nicht nur. Er „will" Sie mit Seinem allmächtigen Willen. Er will Sie haben. All Ihr Widerstand ist umsonst.

Er liebt Sie im wahrsten Sinne des Wortes . „Liebe", das heißt, jemanden zu wollen, auch wenn es den Tod dessen bedeutet, der ihn will. Deshalb konnte Er Seine Liebe auf keine andere Weise zeigen als durch den Tod, durch das Sterben auf Golgatha.

* *
*

Auf Golgatha ist Ihre Schuld gegenüber Gott getilgt worden und Ihre Sünden sind gesühnt worden.

Selbst der reuemütigste Mensch begehrt nicht so sehr die Vergebung seiner Sünden, wie Gott es begehrt. Dies findet seine Bestätigung darin, daß niemand von uns so konsequent darauf aus ist, Geld oder eine Stunde des Gebets für eine christliche Sache zu opfern, wie es Gott daran liegt, Seinen Sohn für unsere Erlösung zu opfern.

* *
*

Sie können sich nicht mit Jesus vergleichen. Sie werden weiterhin sündigen. Aber Sie werden von jeder Ihrer Sünden sagen: „Es ist nicht meine Sünde; sie gehört Jesus, der sich mit ihr befassen wird."

Aber wird die Erinnerung an frühere Sünden Sie nicht mehr quälen? – Einst erzählte ich einem Massenmörder die oben geschilderte Geschichte von den zwei Brüdern, in welcher der ältere Bruder für den jüngeren sein Leben gab, nur um ihm in Zukunft das von ihm hinterlassene reine Gewand fleckenlos zu erhalten.

Der Mörder wurde ein Christ. Nach geraumer Zeit fragte ich ihn, ob er froh sei, daß er dank des Opfers Christi, seines älteren Bruders, von der Vergangenheit befreit sei.

Seine Antwort war: „Ich werde erst froh sein, wenn ich die Rolle des älteren Bruders an einem anderen Sünder ausüben und für ihn leiden kann.“ Die Möglichkeit bot sich ihm, und er wurde ein glücklicher Mensch.

Sie können auch ohne solche besonderen Möglichkeiten glücklich sein. Jeder, der Christ wird, wird ein unschuldig Leidender, trägt er doch die Bestrafung, die er nicht mehr verdient. Immanuel Kant schrieb: „Der Kriminelle hat ein Recht auf Strafe.“ Ein ehemaliger Mörder, Lügner, Ehebrecher, Trunkenbold, kurz ein Sünder, welcher Art er auch sei, wird weiterhin die Folgen seiner Vergangenheit zu tragen haben – auch nach seiner Bekehrung.

Dank der Buße ist er ein völlig neues Geschöpf, das eigentlich nicht leiden müßte. Kummer und Schmerzen, die der neue Mensch für den alten erträgt, sind eine Fortsetzung der Leiden Christi. Beunruhigen Sie sich nicht: Sie werden Ihren Anteil am Leiden und auch die Freude haben, daß Sie leiden dürfen. – Aber von all Ihren Sünden werden Sie gerettet sein.

* *
*

Ist ein Mensch, der von allen seinen Sünden gereinigt ist, noch ein Mensch? Die Frage ist berechtigt. Er wird nicht mehr ein gewöhnlicher Mensch sein, sondern ein Gotteskind, ein Teilhaber der göttlichen Natur.

Bis zu einer gewissen Stufe kann ein menschlicher Embryo vom Embryo eines Affen nicht unterschieden werden, was aber nicht bedeutet, daß ein Unterschied nicht vorhanden ist. Der Beweis dafür ist, daß der eine Embryo ein Mensch wird und der andere ein Tier. So werden Ihre Mitmenschen nicht so leicht zwischen Ihnen als einem Gotteskind und einem guten, sittlichen Menschen unterscheiden können. Aber es wird ein riesiger Unterschied sein. Sie sind ein geretteter Mensch, selbst wenn noch viel Sündhaftes in Ihrem Leben geschieht.

Gute, sittliche Menschen bleiben Sünder, wenn sie nicht an Jesus glauben, und ihr Verhängnis ist, daß ihnen die Qualen der Hölle und die ewige Trennung von Gott zuteil werden.

Im Deutschen bedeutet das Wort „lieben" oft etwas ganz Unterschiedliches. „Ich liebe Apfelkuchen", „Ich liebe Mutti", „Ich liebe Gott". So kann auch „ewig" möglicherweise nicht ein und dasselbe bedeuten, wenn es für Himmel und für Hölle gebraucht wird. Jedenfalls werden die, die ohne Christus sind, verloren sein, während für Sie als ein Gotteskind das „Sterben" Eingehen in eine neue, schöne Welt bedeuten wird. Der Tod hat für uns ein mildes Gesicht.

Quälen Sie sich nicht mit der Frage, ob die Hölle im absoluten Sinn des Wortes „ewig" ist, oder ob sie nach einer sehr langen Zeit der Qual enden könnte! Es ist eine müßige Frage. Würden Sie sündigen, wenn Jesus nur soviel gesagt hätte, daß Ihnen zur Strafe nur ein einziges Mal kochendes Wasser über Ihren nackten Körper gegossen wird? Aus den Offenbarungen Jesu geht mit Sicherheit hervor, daß die Strafe schlimmer sein wird.

* *
*

Wir sind durch Christi Gnade gerettet worden. Mit unseren Sünden haben wir Sein Herz durchbohrt, und aus Seinem durchbohrten Herzen kam Blut, das uns von diesen Sünden reinigt.

Die Bibel führt die sieben Worte an, die Jesus am Kreuz gesprochen hat, damit wir sie gebrauchen:

1. Ein Gebet: „Vater, vergib ihnen, denn sie wissen nicht, was sie tun!"
2. Ein Wort, zu einem mit Ihm gekreuzigten Verbrecher gesprochen: „Wahrlich, ich sage dir: Heute wirst du mit mir im Paradiese sein."
3. Ein Schrei der Verzweiflung: „Mein Gott, mein Gott, warum hast du mich verlassen?"

4. Ein Wort zu Johannes über Maria: „Siehe, das ist deine Mutter!“ Und ein Wort an sie: „Weib, siehe, das ist dein Sohn!“
5. Ein Ausdruck der Notlage: „Mich dürstet!“
6. Ein Wort der Gewißheit: „Es ist vollbracht!“
7. Noch einmal ein Wort des Gebets: „Vater, ich befehle meinen Geist in deine Hände!“

Durch dieses Leiden Christi am Kreuz sind wir gerettet. Aber die Überlieferung weiß noch von einem achten Wort des gekreuzigten Herrn. Es wird berichtet, Jesus habe zu dem Soldaten, der Ihn bald mit der Lanze durchbohren sollte, gesagt: „Freund, es gibt einen kürzeren Weg zu meinem Herzen als diesen!“

* *
*

Jesus rettet nicht nur von Sünden, sondern auch von der Einsamkeit, unter der so viele leiden. Durch Jesus werden Sie in eine enge Beziehung zu Maria treten, der Mutter des Herrn, zu den Heiligen aller Zeiten, den Engeln und noch mehr: Sie werden nun in der Gemeinschaft mit dem Herrn selbst Ihr Leben führen. Auch werden Sie treue Glaubensgeschwister finden.

* *
*

Jesus rettet von der Tyrannei der Lebensumstände. Die schöne Lotosblume wächst aus Schlamm und Schmutz hervor. Sie gedeiht an wenig reizvollen Orten. Sie blüht, wo bedrückende Armut herrscht. Sie strahlt atemberaubende Reinheit in stinkenden Höfen aus. – So wird auch Ihr neues Leben sein: voll Herrlichkeit, selbst wenn es von Armut und Leiden gezeichnet ist. Sie werden weit über Ihre Verhältnisse leben. Aus Elend, Armut und Schmutz wird Heiligkeit erwachsen.

Sie sind ein Sklave Ihrer Verhältnisse gewesen. Jetzt werden Sie frei sein.

Auf einer Auktion in Lexington, in den Vereinigten Staaten, stand eine sehr schöne Sklavin namens Elsa zum Verkauf an. Fairbank, ein junger Methodistenpfarrer, bot mit einem Franzosen. Als der Franzose zögerte, das Angebot zu erhöhen, schob der Auktionator Elsas Kleid zurück und zeigte ihre Brust: „Wer wird sich eine solche Chance entgehen lassen?" Später hob er den Saum ihres Rockes, um ihren Körper zu entblößen: „Wer wird diesen Preis gewinnen?" Fairbank bekam sie und sagte: „Ich kaufte sie, um sie freizulassen."

Alle Arten von politischen und religiösen Gruppen möchten Sie für ihr Amüsement und für ihren Profit gewinnen. Jesus verlangt von Ihnen nichts für sich selbst. Er hat den höchsten Preis gezahlt – nur aus Liebe, zu Ihrem Besten, um Sie zu befreien.

Alle Achtung vor Pastor Fairbank: wegen seiner Antisklaverei-Betätigung mußte er siebzehn Jahre im Gefängnis verbringen. Aber wer kann die Ehre in Worte kleiden, die Jesus gebührt, der am Kreuz Sein Leben hingab, um uns von der Sklaverei der Sünde, des Todes und der Verhältnisse zu befreien?

* *
*

Unserem künftigen Wachstum sind keine Grenzen gesetzt. Es ist nicht so, daß wir nur bis zum Tode an Gotteserkenntnis, Tugend und innerer Schönheit zunehmen werden. In einem Gleichnis lehrt uns Jesus, daß die Kinder Seines Königreiches und die Kinder des Bösen nicht nur bis zum Tode wachsen, sondern bis zum Ende der Weltzeit (Matth. 13,40). Die Christen werden auch nach dem Tode sich weiter entfalten.

Wir haben ein sehr hohes Ziel: wir sehnen uns danach, Christus ähnlich zu werden. Was wir jetzt sind, sind wir ohne unser Zutun aufgrund der Verhältnisse geworden. Wenn wir die Dinge selbst ordnen könnten, würden wir gern so sein, wie wir uns unser eigentliches „Ich" vorstellen. In den Stunden der religiösen Meditation und Kontemplation träumen wir, ein Jesus in Miniatur zu sein. Zum Glück haben wir mehr als unser kurzes Erdenleben, um dieses Ziel zu erreichen.

* *
*

Jesus rettet von Angst. Sie wissen, daß Gott die Liebe ist, und so brauchen Sie sich nicht zu fürchten.

Mit Gott an seiner Seite schlug Josua, einer der Helden des Alten Testaments, Riesen, wie Og und Sihon. Auch Sie werden gewaltige Gegenmächte besiegen. Ihre Ruhe wird Ihnen den Sieg möglich machen.

Als mein Sohn Mihai noch ein Kind war, fragte er mich einmal: „Vater, was soll ich tun? Mir ist langweilig." Ich antwortete: „Denk über Gott nach." Er sagte: „Warum soll ich mit meinem kleinen Kopf über den großen Gott nachdenken? Soll Er doch mit seinem großen Kopf über mich nachdenken – das kleine Kind!"

Christus ist das Haupt der Gemeinde. Solange keine Falten auf Seiner Stirn sind, haben Sie keine Veranlassung, Ihre Stirn zu runzeln.

Wenn Jesus das Haupt ist, dann lassen Sie Ihn denken. Weder hat der Fuß zu denken noch der Kopf zu gehen. Deshalb hat Jesus gesagt: „Denkt nicht darüber nach, wie oder was ihr reden sollt" (Mtth. 10,19), und „In der Stunde, wenn ihr nicht denkt, wird der Menschensohn kommen" (Mtth. 24,44).

Selbst *richtig* zu denken, ist für den Christen falsch. Sein Geist ist passiv, um Impulse von Christen zu empfangen. Er ist niemals von sich aus aktiv.

Luther trat abends manchmal ans Fenster und sagte: „Gott, ist es deine Welt oder meine? Ist es meine Kirche oder deine? Wenn es deine Welt und deine Kirche ist, so nimm dich ihrer an! Ich gehe schlafen. Gute Nacht, lieber Gott?" – Sie müssen nicht die ganze Last Ihres Lebens schleppen. Gott trägt sie.

* *
*

Die Befreiung von Angst reicht im Christenleben sehr tief. Selbst wegen Ihrer Fehler brauchen Sie sich nicht zu quälen. In jedem Fehler, den Sie machen, steckt als Same etwas Gutes, das ihm entspricht. Das Alte Testament erzählt uns von Joseph, einem jungen Mann, der den Fehler beging, seinen Brüdern von seinen Träumen zu erzählen, welche sie reizten. Dieser Fehler hatte zur Folge, daß Joseph Regent von Ägypten wurde. Ein Christ kann sogar in seine Fehler Vertrauen setzen.

* *
*

So, wie Sie sich um Ihr gegenwärtiges Leben nicht zu sorgen brauchen, so auch nicht um das zukünftige.

Baalschem, der Begründer der Hassidischen Bewegung im Judentum, hatte einst eine Periode des Kleinmuts und fürchtete, das ewige Leben verloren zu haben. Da tröstete er sich mit dem Gedanken: „Wenn ich Gott liebe, wozu brauche ich dann noch ewiges Leben!" Ewiges Leben ist ja nichts anderes, als Gott und Seinen Sohn, Jesus Christus, zu erkennen.

Deshalb hören alle Sorgen für den nächsten Tag auf. Ihre Nahrung wird Manna sein, und Manna muß täglich eingesammelt werden. Sie können es nicht für den nächsten Tag aufbewahren.

Jesus errettet vom Fieber des Ehrgeizes. Jesus hat sich nie gegrämt, daß Er so wenige erreichte. Er lebte so, daß es wert war, Ihn zu kennen.

Jesus wird Sie lehren, übermäßigen Ehrgeiz, der Sie anstachelt, nicht zu dulden; und sich auch nicht nach etwas auszustrecken, das Ihre Möglichkeiten übersteigt. Als Christ werden Sie sich mit all Ihrem Unvermögen und Ihren Gaben annehmen. Sie werden nie versuchen, nach dem Unmöglichen zu trachten, sondern Sie werden die Höhe des Turmes messen, für die Sie das Material haben.

* *
*

Jesus rettet von den Schwierigkeiten des Lebens. In 2. Mose 20,25 befiehlt Gott: „Du sollst einen Altar von unbehauenen Steinen bauen", das heißt – einen ganz einfachen! Der Feind des Einfachen sind unsere Sinnesorgane mit ihren einseitigen und beschränkten Funktionen.

Chuang-Tsu sagte: „Das Auge ist eine Bedrohung für klare Sicht, das Ohr eine Bedrohung für feines Gehör, der Verstand eine Bedrohung der Weisheit, jedes Sinnesorgan ist eine Bedrohung der eigentlichen Fähigkeit. Es ist wirklich traurig, daß man die Quellen der Bedrohung als die größten Schätze ansehen soll." Der wahre Schatz des Menschen ist die inwendige Schau, die alles umfassende Wahrnehmung, die nur dann in Kraft treten kann, wenn der Unterschied zwischen Innen und Außen, zwischen dem Selbst und den Dingen, zwischen diesem und jenem, vollständig vergessen ist. Das ist das Chaos, das Tohuwabohu (hebr.), wie die Erde war, als Gott sie am Anfang schuf. Jedes System unseres Geistes ist eine Verfälschung der Schöpfung, die nicht systematisch ist. Auf dem Gebiet der Wissenschaft hat Heisenberg mit dem Systematischen aufgeräumt, indem er den Faktor der (Heisenbergschen) Unschärferelation einführte. Es geht bei dem Geschehen nicht nach unseren Systemen.

Die meisten Menschen leiden an Einseitigkeit. Die Konzentration auf einen Lebensabschnitt hindert sie, die ganze Stufenleiter menschlicher Erfahrung wahrzunehmen.

Sie werden allumfassend sein, wenn Sie Christ werden.

Nietzsche schrieb: „Der Wunsch, nicht zu sehen, was man sieht und wie man es sieht, ist eigentlich die erste Bedingung für alle, die in irgendeiner Weise voreingenommen sind. Jeder, der so eingestellt ist, wird zum Lügner. Das Auge sieht entsprechend dem Gesichtsfeld. Überzeugungen sind Gefängnisse. Frei zu sein von allen Überzeugungen, ist ein Stück Stärke." Jesus ist die Wahrheit jenseits Ihrer Sicht dessen, was wahr ist. Er macht Sie frei.

* *
*

Menschen, die nicht Jesus angehören, beurteilen die Dinge von ihrem eigenen Standpunkt aus. Sie wissen nicht, daß jeder Standpunkt ein Punkt der Blindheit ist, weil er ihnen die Möglichkeit nimmt, einen Standpunkt, der sich von dem ihren unterscheidet, zu verstehen. Von einem gewissen Blickpunkt aus hat ein Raum keine Tür, von einem anderen aus kein Fenster oder keine Decke. Sie sind nur imstande, einen Raum zu kennen, wenn Sie eine Vorstellung vom Ganzen haben oder wenn Sie die Standpunkte wechseln.

Jesus rettet Sie von Standpunkten. Die Realität ist nicht nur auf Materie beschränkt. Sie enthält auch Geistiges. So kennt sie sich selbst. Jesus ist der Logos, die Selbsterkenntnis der materiellen und geistigen Wirklichkeit.

Jesus rettet uns von einem beschränkten Horizont. Wie Schallwellen existieren, die über die menschliche Wahrnehmung hinausgehen, so gibt es Lichtwellen, die wir nicht sehen können. Wir sehen nur Wellenlängen zwischen 3800 und 7600 Ångströmeinheiten. Unterhalb von 3800 sind die ultravioletten Wellen, die Röntgen- und Gammawellen, über 7600 die Mikro- und Radiowellen. Mit Hilfe von Instrumenten sehen wir um ein Vielfaches mehr Wirklichkeit als mit dem bloßen Auge. Aber außerdem gibt es noch die Weitsichtigkeit (die Kirchenältesten werden in der griechischen Bibel „Presbyter", Weitseher, genannt), die innere Klarsicht, die mystische Vision und – über allem stehend – die selige Vision, das heißt, Gott von Angesicht zu Angesicht sehen. Wer diese noch nicht hat, ist mehr oder weniger blind. Wir bezeichnen das Auge als Sehorgan, obgleich es uns eigentlich hindert, die letzten Realitäten zu sehen. Jesus rettet uns von den Illusionen unserer Sinne.

Einst zankten sich die Sonne und der Mond. Die Sonne sagte: „Die Blätter an den Bäumen sind grün", während der Mond sagte: „Sie sind silbern." Der Mond sagte: „Die Menschen schlafen meist", worauf die Sonne entgegnete: „Sie sind meist in Bewegung." – „Warum ist dann so eine Stille auf der Erde?" fragte der Mond. „Wer hat dir denn das gesagt?" wunderte sich die Sonne. „Es ist doch viel Lärm auf der Erde."

So debattierten sie. Da erschien der Wind. Er hörte das Gespräch und lachte. „Was zankt ihr euch denn? Ich blase, wenn sowohl die Sonne als auch der Mond am Firmament steht. Während des Tages, wenn die Sonne scheint, verhält es sich so, wie die Sonne sagt. Es herrscht Lärm auf der Erde, alle Menschen sind in Bewegung und die Blätter sind grün. Aber während der Nacht, wenn der Mond scheint, ändern sich die Dinge. Menschen schlafen, Stille herrscht und die Blätter schimmern wie Silber. Wenn Wolken den Mond verdecken, werden die Blätter sogar schwarz. Weder du, Sonne, noch du, Mond, kennst die ganze Wahrheit."

Jesus ist Herr von Sonne und Mond, Wind und Wolken. Er sieht die Wirklichkeit als Ganzes. Es ist Sein Wissen um die volle Wahrheit, die Er an Seine Jünger weitergibt.

Er ist die volle Wahrheit, weil Er der einzige ist, in dem die Wahrheit nie durch Sünde entstellt wurde. Jeder Sünder ist gefühlsmäßig an etwas Falsches gebunden, und dies wirft einen Schatten auf die Wahrheit. Christus war ohne Sünde und wußte, daß Er es war. Er war nie unschlüssig oder unsicher, wenn Er es mit andern zu tun hatte. Er stellte auch nie die Frage, ob Er nicht zu streng gewesen sei. Er fragte sich nie, ob Er nicht hätte milder sein sollen. Wie Sein Kleid, so war auch Sein Leben aus einem Stück gewoben. An jede neue Aufgabe machte Er sich ohne anklingende Erinnerungen. So konnte Er mit Autorität sprechen und sich als die Wahrheit proklamieren. Die Gemeinde, zu der Sie gehören werden, wenn Sie Christus aufnehmen, ist die Fortsetzung Seiner Menschwerdung. Sie werden mit derselben Gewißheit durchs Leben gehen, wie Er es konnte.

* *
*

Ohne die volle Wahrheit wird Ihr Leben ein Fehlschlag sein und, falls Sie eine sehr begabte Person sind, eine Katastrophe für andere. Das größte Unheil, das der Menschheit je widerfahren ist, geschah durch Genies, wenn diese mit Kunst und Geschick oder verstärkt durch diktatorische Maßnahmen ihre beschränkten Gesichtspunkte propagierten. Von welchem Nutzen hätten sie sein können, wenn sie auf ihre eigenen Ansichten zugunsten der Wahrheit, die in Jesus ist, verzichtet hätten.

* *
*

Jesus befreit Sie vom Verstand in Glaubensangelegenheiten. Luther sagt: „Wer ein Christ sein will, sollte sich die Augen des Verstandes herausreißen und vom Verstand nichts wissen wollen, ja ihn töten, wie einen, der nicht ins himmlische Königreich eintreten wird." Christen opfern ihren Intellekt und werden so dessen Fehler los, die unvermeidlich sind, wenn er sich in eine Sphäre einmischt, wo er nicht wirksam sein kann.

* *
*

Wahrheitssuchende müssen zwei Warnungen beachten. Die eine stammt von Tertullian: „Christus nennt sich nicht die Tradition, sondern die Wahrheit." Die Menge hängt an der Tradition. Der Christ wird in der Minderheit sein oder sogar allein. Die zweite Warnung kommt von Emerson und ist von der ersten abgeleitet: „Gott stellt jeden vor die Wahl zwischen Wahrheit und Gemütlichkeit. Man kann nicht beides haben."

* *
*

Jesus rettet von Haß.

Es ist bemerkenswert, daß die Evangelisten die Leidensgeschichte Jesu erzählen, ohne ein böses Wort oder Beiwort für die zu verlieren, die das Leiden über Ihn brachten. Die einzige Ausnahme ist Judas, welcher der Verräter genannt wird.

Die Apostel hegten keinen Groll und trugen niemandem etwas nach. Deshalb herrscht in der Art ihres Schreibens Zurückhaltung.

Auch Sie werden vom Haß befreit werden.

Warum sollten Sie einen Menschen hassen? Wenn er falsch handelt, dann, weil er nicht weiß, was er tut. Da Sie das Gesetz Gottes kennen, werden Sie ihm mit Güte und Gerechtigkeit begegnen.

* *
*

Jesus ist sehr vielschichtig und vielseitig – sehr komplex. Die hebräische Sprache kennt keine Einzahl für das Wort „Gesicht". Sie kennt nur die Mehrzahl „panim" - „Gesichter". (Jedes hebräische Wort, das mit „im" endet, ist in der Mehrzahl.) Das hat einen tiefen Sinn. Die hebräische Sprache, in der die göttliche Offenbarung gegeben wurde, weiß nicht, daß der Mensch nur *ein* Gesicht hat. Wir alle haben mehrere Gesichter. Deshalb ist jede Abstempelung eines Menschen als „Mörder", „Dieb", „Gauner", „Schieber", „Heiliger", „Protestant", „Katholik", „Reaktionär" oder „Revolutionär" falsch. Menschen können nicht eine Etikette tragen, weil sie vielseitig sind. Jeder von uns ist eine Mischung, besser gesagt, eine Legierung.

Eisen existiert als ein Begriff nur in unserem Gehirn. In der Natur findet sich niemals Eisen allein. Es ist immer verbunden mit etwas anderem. Dasselbe gilt auch für den Menschen. Wenn Sie sich einem Menschen nähern oder ihn empfangen, treten Sie schon in Beziehung zu einem sehr komplexen Wesen. Von seinem Äußeren könnten Sie sich vielleicht sehr angezogen fühlen, während sein Charakter Sie abstoßen dürfte. Hochintelligente Leute sind oft sehr schlecht. Die Beziehung zu einem Menschen muß auf den verschiedenen Aspekten seiner geistigen, physischen und geistlichen Eigenschaften aufgebaut sein.

Das alles ist um so wahrer in unserer Beziehnung zu Jesus.

Wer zu Ihm kommt, der kommt zum rettenden Jesus, zum leidenden Jesus, zum kämpfenden Jesus, zum gekrönten Jesus – zum ganzen Jesus, und durch Ihn zu Gott.

* *
*

Es ist wirklich nicht einfach, Gott zu finden. Wir stehen vor Gott wie ein Richter vor dem Angeklagten, der sich weigert, auszusagen. Wir müssen Gott mit Hilfe von Voraussetzungen zu finden suchen.

Es ist sehr schwer, ein Wesen zu finden, das von Augustinus als ein Kreis beschrieben wird, der seinen Mittelpunkt überall und seine Grenzen nirgendwo hat.

Die moderne technische Wissenschaft und das Wunder des Fernsehens erlauben dem Menschen, überall zu sein, im Mittelpunkt eines Kreises, der einen sehr weiten

Umfang hat. Dies erleichtert es uns ein wenig, uns ein Wesen vorzustellen, das keine Grenzen und seinen Mittelpunkt überall hat.

Wenn Gott Seinen Mittelpunkt überall hat, halte ich mich für Seinen Mittelpunkt. Dann finde ich Ihn in mir selbst.

Ich beginne damit, indem ich versuche, Gott in Seiner Schöpfung zu sehen. In Sprüche 20,12 steht geschrieben, daß Jehova – Gott der ist, der das hörende Ohr gemacht hat. Es genügt, über Ihre Ohren nachzudenken, um zum Glauben an Gott zu kommen. Mit Hilfe der Kurven, Hügel und Schluchten der Ohren können wir bestimmen, aus welcher Richtung der Schall kommt sowie die ungefähre Entfernung von der Quelle. Jede Windung, jede Falte hilft uns, Ton und Echo wahrzunehmen.

Wenn Sie einen Schall über sich hören, wird das zarte Echo, das von Ihren Ohrfältchen hinzugefügt wird, sich von dem Ton unterscheiden, der von unten oder von hinten kommt, und so werden Sie die Töne sondieren können. Wenn Sie einen Klang hören, der von rechts kommt, dann hört das Ihr rechtes Ohr etwas vor Ihrem linken, und umgekehrt. So werden Töne wahrgenommen.

Wenn es keinen Gott gäbe, wie könnten Sie es sich dann erklären, daß eine Flugmaschine oder ein Fallschirm so fein und vollkommen gebaut ist wie ein Löwenzahn?

Die Wissenschaftler der Aerodynamik haben errechnet, daß die Hummel nicht in der Lage sei, zu fliegen. Und doch fliegt die Hummel, ungeachtet der Berechnungen dieser Aerodynamik-Spezialisten. Können Sie sich das erklären ohne einen Gott?

Wenn Sie Gott nicht sehen können, bedeutet es nicht, daß Er nicht existiert. Es könnte bedeuten, daß Sie blind sind. Nun ist ja Blindheit kein positives Attribut. Es ist einfach die Abwesenheit des Sehvermögens. In ähnlicher Weise ist der Atheismus die fehlende Kenntnis der Wahrheit. Wenn Sie Gott nicht kennen, tappen Sie im dunkeln.

Wie sieht Gott aus?

Jemand, der von Geburt an blind war, bat einen Menschen, ihm ein Glas Milch zu geben, und fragte ihn: „Wie sieht Milch aus?" Der andere sagte: „Milch ist eine weiße Flüssigkeit." Der Blinde fragte: „Was verstehst du unter ‚weiß'?" – Der andere antwortete: „Weiß ist die Farbe des Schwanes." – Der Blinde erkundigte sich: „Was ist ein Schwan?" Der andere antwortete: „Der Schwan ist ein Vogel mit einem gebogenen Hals." Der Blinde fragte wieder: „Was bedeutet ‚gebogen'?" Der andere sagte: „Ich will meinen Ellbogen biegen; berühre ihn, und dann wirst du wissen, was ‚gebogen' ist."

Der Blinde berührte den abgewinkelten Ellbogen des anderen und sagte: „Nun weiß ich, wie Milch aussieht!"

In einem Buch, sogar in der Bibel, können nur Worte gebraucht werden, um von Gott auszusagen. Diese mögen Ihnen merkwürdig erscheinen, wie es für uns lächerlich ist, daß ein Blinder Milch an einem gebogenen Ellbogen erkennt. Aber wir alle sind sehr beschränkt und von Natur aus blind in bezug auf den allumfassenden, allwissenden, allmächtigen Gott. Wir können Ihn nur von ungefähr erkennen. Lies die Worte, vergiß sie wieder, betrachte das Ohr, den Löwenzahn, die Hummel, und glaube einfach, daß Gott *ist*!

* *
*

Das deutsche Wort „Gott" sowie auch die entsprechenden englischen und skandinavischen Wörter stammen vom Sanskritwort „Hathu" ab und bedeuten: „Der Eine, dem Opfer gebracht werden." Wer könnte eines Opfers würdiger sein als Gott? In der Form „Huta" bedeutet das Wort: „Der Eine, der angerufen wird." Wen sonst sollten wir anrufen als den Schöpfer?

Das englische Wort „Deity" („Gottheit") kommt vom Sanskrit „Deia" – „zu scheinen". Er scheint wie die Sonne und macht es möglich, daß Sie scheinen. Werfen Sie sich voll Vertrauen in Seine Arme!

Manche betteln um Almosen. Andere geben sie. In dem großen Spiel des Lebens übertrifft Er, der Unverständliche, alle. Er freut sich an allem doppelt, weil Er der Geber und Empfänger jeder Gabe ist. Wenn Sie sich über Christus mit Gott vereinen, werden auch Sie unaussprechliche Freuden haben.

* *
*

Zu einem Christen kam ein Mann und klagte über ein großes Leid. Der Christ sagte das Nizäische Glaubensbekenntnis auf: „Ich glaube an einen einigen Gott, den Vater, den allmächtigen Schöpfer des Himmels und der Erde, alles, was sichtbar und unsichtbar ist." Der Leidtragende antwortete: „Genug! Ich bin getröstet."

Denken Sie nicht, daß ich zu Ihnen über meinen Gott spreche. Ich spreche über den Ihren. Er ist der Gott von Abraham, Isaak, Jakob, Richard. Er ist auch Ihr Gott. Er kann Ihr liebender Vater sein und als solcher sorgt Er dafür, daß alle Dinge, sichtbare und unsichtbare, zu Ihrem Besten zusammenwirken.

Was ist Er? Die Franzosen haben eine Redensart: „Un Dieu défini est un Dieu fini." („Ein erklärbarer Gott ist ein erledigter Gott.") Wir kennen nicht einmal die Struktur eines Atoms und wollen eine heilige Trinität erklären!

Als Tolstoi gefragt wurde: „Was halten Sie von Gott?" antwortete er: „Was kann ein mikroskopisch kleines Lebewesen vom Menschen denken!"

Wir haben nicht über Ihn zu spekulieren, sondern Ihn ganz einfach in allem anzuerkennen.

A. Compton, ein Nobelpreisträger in Physik, schrieb: „Die Hypothese, daß ein intelligenter Gott existiert, leuchtet für die Erklärung des Universums mehr ein als jede andere Hypothese." Und Einstein, dessen Name das

Universum trägt, schrieb: „Meine Religion besteht in der tiefen Überzeugung, daß ein höheres Wesen existiert, das sich in der Welt, die wir verstehen können, offenbart."

Wenn Einstein an Gott glauben konnte, dann können Sie es auch. Es wird von Ihnen nur erwartet, daß Sie an Ihn glauben, nicht daß Sie Ihn sezieren.

Gewiß, man kann auch ohne Gott leben. Wir alle brauchen Erfindungen von Gelehrten, ohne die Gelehrten persönlich zu kennen. Wir Christen sind Menschen, die den leidenschaftlichen Wunsch haben, die Erfindungen zu kennen, aber auch den, der das Universum erfunden hat.

* *
*

Als die Hirten kamen, um das kleine Jesuskind zu sehen, erblickten sie Ihn zusammen mit Maria. Diejenigen, die auf Golgatha standen, sahen Ihn mit Maria. Diejenigen, die sich in der ersten Gemeinde versammelten, versammelten sich mit Maria. Maria kann nicht von ihrem Sohn getrennt werden. Wir können Ihn nicht anbeten, ohne sie zu verehren.

Bei Konflikten beziehen die Menschen gewöhnlich entgegengesetzte Standpunkte. Das geschah auch während der Reformation. Manche hatten die Rolle Mariens so übertrieben, daß andere sie ganz aus dem Heilsplan ausschlossen.

Es wird erzählt, daß ein Protestant und ein Katholik in ein und derselben Minute starben. Beide kamen in den Himmel. Der Katholik verbeugte sich sofort vor Maria und küßte den Saum ihres Gewandes. Sie strich ihm über den Kopf und sagte: „Du hast mir treu gedient. Darf ich dich nun meinem Sohn vorstellen?" Und so machte er zum erstenmal Bekanntschaft mit Jesus Christus.

Als der Protestant im Himmel eintraf, kniete er sofort vor Jesus nieder und bekundete Ihm seine Ehrerbietung. Da sagte Jesus zu ihm: „Darf ich dich meiner Mutter vorstellen? Es sieht so aus, als hättest du sie in deinem Erdenleben nicht gekannt."

Jesus ist eine Person der Gottheit. Er gehört dem dreieinigen Gott an, dem Schöpfer. Maria ist nur ein Geschöpf, aber sie hat ihre Bedeutung in der Haushaltung Gottes.

In Psalm 22,10 sagt der Messias durch den Propheten: „Du hast mich aus meiner Mutter Leibe gezogen." Es ist die einzige Bibelstelle, die aussagt, daß ein Mann aus dem Mutterleib genommen ist. Sonst heißt es sowohl im Alten Testament wie im Neuen Testament, daß er aus den Lenden seines Vaters kommt.

Jesus ist der Eine, geboren aus *dem* Weibe. In 1. Mose 3,15 ist sie als das eine Weib prophezeit (hebr. „Haishah") mit einer speziellen Rolle in der Geschichte, deren Same den Kopf der Schlange zertreten soll. Jesus hat sie nie Mutter genannt. Es wäre eine zu gewöhnliche Benennung gewesen. Immer nannte Er sie „Weib" und wies damit auf die Prophezeiung der Schrift hin. Ihre Strahlung kann nicht in Worten ausgedrückt werden.

Die Bibel stellt eine Frage: „Wer ist sie, die hervorbricht wie die Morgenröte, schön wie der Mond, klar wie die Sonne, gewaltig wie ein Heer?"

Die Antwort zu finden, ist nicht schwer.

Sie ist die Schöne, deren Bräutigam ihr Säugling wurde.

Mit jedem Jahrhundert wird sie schöner, aber auch trauriger – wegen soviel Leiden und Verrat!

* *
*

Der Christ ist Christus; Sein Leib, Sein Fleisch, Sein Gebein. Wenn Maria die Mutter Christi ist, ist sie auch unsere Mutter. Jesus ist das Haupt, wir sind der Leib. Lukas nennt Jesus ihren Erstgeborenen, weil auch wir ihre Kinder sind.

Wenn Maria Sie sieht, sieht sie Jesus. Kein Kind ist für eine Mutter zu schmutzig, um nicht gewaschen zu werden, zu verletzt von einem Sturz, daß sie die Schmerzen nicht wegküssen würde, zu eigensinnig und selbstsüchtig, um von ihr nicht geliebt zu werden.

Gott ehrte Maria. Warum sollte ich sie nicht ehren? Sie ist nahe bei jedem Kreuz und jedem Altar, wie sie Jesus auf Golgatha nahe war.

Ich staune nur, daß unsere orthodoxen und katholischen Freunde die Worte des Psalmisten (71,16) nicht beachten! „Ich will preisen deine Gerechtigkeit *allein*." Maria liebt es nicht, wenn Aufmerksamkeit von Gott auf sie, eine niedrige Magd, gelenkt wird.

Mir ist auch nicht wohl, wenn sie „Muttergottes" genannt wird. Das Konzil von Chalkedon hatte allen Grund, ihr diesen Titel zu verleihen gegen die Nestorianer, die nicht die Einheit der zwei Naturen in Jesus erkannten, die menschliche und die göttliche in einer Person. Aber im alltäglichen Gebrauch wird Gott durch diesen Titel degradiert. Wenn Gott Maria zur Mutter hat, hat Er Joseph zum Adoptivvater. Zuletzt haben wir einen Gott mit vielen Tanten, Onkeln und Vettern.

So sind auf beiden Seiten Fehler im Verhältnis zu Maria festzustellen.

* *
*

Es gibt Christen, die ebensowenig Mitgefühl für den leidenden Jesus haben wie die, welche Sein göttliches Fleisch mit Geißeln zerreißen. Aber es gibt andere, deren höchste Freude es ist, Seine Leiden zu teilen.

Es steht geschrieben (Sach. 11,1): „Tu deine Türen auf, Libanon, daß das Feuer deine Zedern verzehre!" Ein rechter Befehl! Wenn Sie ein Feuer auflodern sehen, öffnen Sie Ihre Türen, damit es Ihren Besitz niederbrennt!

Weil wir wissen, daß unser Herr für uns gelitten hat, öffnen wir Christen die Tür zum Leiden, sogar zu sehr schwerem Leiden. Wir öffnen mit Freuden und empfangen Leiden als Freude.

In 2. Petr. 1,14 spricht der Apostel über seine bevorstehende Kreuzigung und sagt: „Ich weiß, daß ich meine Hütte bald ablegen muß" (er meint die Hütte seines Leibes).

Nun, er hat nicht seinen Leib abgelegt; er hat nicht Selbstmord verübt. Er wurde von römischen Soldaten mit dem Kopf nach unten gekreuzigt. Aber Petrus hat so bereitwillig die Tür zu seiner Kreuzigung geöffnet, daß er es gleichsam als seine eigene Tat ansah. Dies ist die Einstellung des Christen zum Leiden. Wir wollen es!

* *
*

Als Christen bleiben wir unerschüttert, wenn wir beschimpft werden. Wir wissen, daß ein böser Mensch, der einen Christen anrempelt, jemandem gleicht, der den Himmel anspuckt; der Speichel beschmutzt nicht den Himmel; er fällt zurück und befleckt die Person selbst. Der Verleumder bewirft einen anderen mit Staub, und der Wind weht ihn auf ihn selbst zurück. Der tugendhafte Mensch kann nicht durch Verleumdung verletzt werden, und das Böse, das ein anderer ihm zufügen möchte, fällt auf diesen zurück. Für den Christen besteht kein Unterschied, ob er gelobt oder beleidigt wird.

Jemand fragte den heiligen Macarius: „Was bedeutet es, der Welt zu sterben?" Der Heilige antwortete: „Geh zum Friedhof, bleib vor jedem Grab stehen und sag den Toten böse, beleidigende Worte." Der Mann wunderte sich über diesen Befehl, tat aber, wie ihm gesagt worden war. Macarius sandte ihn wieder, diesmal um vor jedem Grab halt zu machen und den Toten schmeichelhafte Worte zu sagen. Das tat er ebenfalls.

Macarius fragte ihn danach: „Waren die Toten böse, als du sie beleidigt hast?" – „Nein", war die Antwort. „Gefiel es ihnen, als du Schmeicheleien sagtest?" Wieder war die

Antwort: „Nein." Macarius erklärte ihm die beabsichtigte Lektion: „Eben das bedeutet es, der Welt zu sterben."

Wir nehmen Leiden unter jeder falschen Beschuldigung an. An diesem Punkt fügt meine Frau Sabine hinzu: „Leiden, die uns durch Gottes Willen auferlegt werden, stehen nicht im Widerspruch zur Liebe. Es ist eine Seiner Methoden. Deshalb nennt Jesus Gott, der Seine Kreuzigung wollte, Seinen *Vater*."

Die Jungfrau von Orléans wurde als Hexe verbrannt, Thomas More wurde wegen Verrat hingerichtet, desgleichen Bonhoeffer. In Rußland werden manche Christen fälschlicherweise des Ritualmordes beschuldigt, oder wegen angeblicher Zusammenarbeit mit den Nazis, wegen Diebstahls usw. mit schweren Strafen belegt.

* *
*

Jeder, der Christ wird, sagt mit Petrus (Luk. 22,33): „Herr, ich bin bereit, mit dir ins Gefängnis und in den Tod zu gehen."

Jeder Christ geht in eine Art Gefängnis. Im Hohenlied steht geschrieben, daß der Christ eine versiegelte Quelle ist, ein geschlossener Garten. Es ist schwer, ihn zu besuchen, ebenso wie es schwer ist, einen Gefangenen zu sehen. Noah wurde in der Arche, die ihn rettete, eingeschlossen. Die weisen Jungfrauen wurden im Hochzeitssaal mit dem Bräutigam eingeschlossen. Ihm angehören können Sie nur hinter einer verschlossenen Tür.

Jeder Christ geht mit Jesus in den Tod. Er stirbt der Sünde, er stirbt der Welt, dem Fleisch und dem Teufel.

* *
*

Ich habe leidende Christen vor Freude tanzen sehen. Können Sie verstehen, warum?

Es war einmal ein Spielmann, der so wunderschön geigte, daß ein jeder tanzen mußte. Ein Tauber, der die Musik nicht hören konnte, hielt sie alle für verrückt. Die mit Jesus im Leiden stehen, hören diese Musik, für die andere taub sind. Sie tanzen, und es macht ihnen nichts aus, daß man sie für geisteskrank hält.

Andere Menschen können nicht die Freude der leidenden Christen fassen, gerade wie ein Frosch im Brunnen den gewaltigen Ozean nicht fassen kann.

Der Christ kann sich sogar unter den unglaublichsten Verhältnissen freuen. Eine mögliche Übersetzung des hebräischen Titels zu Psalm 4 ist: „Lied von dem einen, der sich freut, wenn er bezwungen ist."

Aber es vermischen sich viele Tränen mit den Freuden der Christen.

Die Freunde Jesu litten darunter, daß Er im Tempo des langsamsten Tieres, des Esels, nach Jerusalem ritt. Er selbst hatte es so gewollt.

Sie versuchten, diesen Ritt wenigstens etwas freundlicher zu gestalten. Sie legten ihre Mäntel auf den Esel. Andere legten ihre Mäntel vor dem Tier auf den Weg, so daß diese Kleidungsstücke zerrissen wurden und sich in den Füßen des Esels verwickelten. So wurde das Tempo Jesu noch mehr verlangsamt.

Wir leiden, weil die Menschen ununterbrochen Barabbas, einen Mörder, zu befreien suchten, statt des Messias, der zu ihrer Rettung kam. Sie machen das auch heutzutage.

* *
*

Die Gott nicht in leidenden Mitmenschen suchen, werden Ihn nicht finden. Meister Eckhart sagt: „Du suchst etwas durch Gott zu bekommen und bist einem Menschen gleich, der aus Gott eine Kerze machen möchte, um ihr Licht zu gebrauchen. Nachdem du das Gesuchte gefunden hast, wirfst du die Kerze weg. Manche lieben Gott, wie sie ihr Vieh lieben. Du liebst dein Vieh wegen seiner Milch, wegen des Käses und überhaupt deines Nutzens wegen." Aber diejenigen, die Gott um Seiner selbst willen lieben, nicht nur seiner Gaben wegen, lieben Ihn auch in leidenden Menschen.

Wie leid tun uns jene, die Christus im Geist verehrten, die zu Seiner Gottheit aufschauten, die sich vor dem Altar in Seinen Heiligtümern verneigten und die Ihn nicht wiedererkennen, wenn Er ihnen in Gestalt eines Leidenden begegnet.

Als die Jungfrau von Orléans im Gefängnis war, regte sich keine Hand, ihr zu helfen. Karl VII., König von Frankreich (sie hatte für ihn gekämpft), unternahm nicht den geringsten Versuch, sie zu befreien. Sie war von allen verlassen.

Sie erhielt von niemand auch nur ein Zeichen des Mitgefühls. Sie war, wie Christus, völlig verlassen.

Zur selben Zeit huldigten der König und andere, die ihr hätten helfen können, dem Herrn Christus in ihren Heiligtümern. So ist es auch in moderner Zeit gewesen – unter den Nazis und Kommunisten.

* *
*

Christen sollten mit den Weinenden weinen, aber mehr noch als alles andere sollten sie Christus mit ihren Tränen des Mitgefühls trösten.

Die heilige Theresia von Lisieux sagte: „Es gebührt uns, unseren Herrn zu trösten, und nicht Ihm, uns zu trösten. Sein Herz ist so zartfühlend, daß Er, wenn du weinst, deine Tränen trocknen wird. Aber nachher wird Er traurig weggehen, weil du Ihn nicht eingeladen hast, in deinem Herzen auszuruhen. Unser Herr liebt die Herzensfrohen, die Kinder, die Ihn fröhlich grüßen. Wann wirst du lernen, deine Schwierigkeiten vor Ihm zu verbergen oder Ihm zu sagen, daß du froh bist, für Ihn zu leiden?" Wenn die heilige Theresia des Morgens aufstand, legte sie das Kruzifix auf ihr Kissen und sprach, während sie sich ankleidete: „Mein Jesus, du hast genug geweint und dich abgemüht während deiner 33 Jahre auf dieser elenden Erde. Ruhe aus – heute! Nun bin ich an der Reihe, zu leiden und zu kämpfen." – „Wollen wir unserem Herrn Freude machen! Wollen wir durch Selbstaufopferung Seelen für Ihn gewinnen!"

Einst machte Theresia von Lisieux einer Nonne Vorwürfe, daß sie ihren Mitschwestern so viel über ihre Nöte vorjammere. Die Nonne antwortete: „Du hast recht. Das habe ich auch schon gedacht. In Zukunft soll nur Gott meine Tränen sehen. Ich werde meine Sorgen nur dem Einen anvertrauen, der mich versteht und trösten kann." Dazu antwortete Theresia: „Tränen für Gott! Das darf nicht sein! Noch viel weniger als Seinen Geschöpfen darfst du Ihm dein trauriges Gesicht zeigen."

* *
*

Beim Jüngsten Gericht wird niemand danach gefragt werden, wieviel er gelitten hat, sondern wieviel er geliebt hat.

Maria Goretti, die von einem Mörder erstochen wurde, sagte sterbend: „Ich möchte ihn im Paradies neben mir haben." – Dieser Mörder, der im Gefängnis ein Christ wurde, wohnte der Zeremonie bei, als dieselbe Maria seliggesprochen wurde.

Christen lieben ihre Feinde, durch die sie leiden. Sie können das, weil vor ihren Augen der große und unschuldig Leidende steht – Jesus.

* *
*

Ein Christ wird auch ein harter Kämpfer sein. Sehen Sie nur auf Martin Luther in seinem großen Streit.

Und ein Christ ist kein Versager. Er wird bis zum Ende alle Feinde der Liebe und Wahrheit bekämpfen.

Ein Christ unterwirft sich nie seinen Feinden. Ich kannte einen Christen in einer Einzelzelle, in der man nur drei Schritte hin und drei zurück gehen konnte. Er machte nie drei Schritte, sondern nur zwei. Er – und nicht sein Kerkermeister – entschied, was er zu tun hatte.

* *
*

In Jesus haben wir das Beispiel eines kämpfenden Geistes. Er wußte, daß die Priester und Obersten die Rotte senden würden, um Ihn im Garten Gethsemane zu verhaften. Er, der anderen geraten hatte, in Zeiten der Gefahr zu fliehen, blieb, wo er war.

Nicht nur das. Manchmal war Er sehr angriffslustig; zum Beispiel, als Er die Händler aus dem Tempel trieb. Außerdem waren Seine Jünger auch bewaffnet. Sie waren bewaffnet, weil Er es so wollte.

Der Leitspruch des Staates Virginia (USA) besteht aus den Worten, die Brutus sprach, als er sein Messer in Cäsars Brust stieß: „Sic semper tyrannis" („So immer den Tyrannen"). Dies war der Geist, in dem Jesus von klein auf gelebt hatte, und welchen Er auf Seine Jünger übertrug. Das einzige heilige Buch, das Er ihnen hinterließ, war das Alte Testament, ein Buch voller Erzählungen von harten Kämpfen.

Aber die Wahrheit ist immer von doppelter Natur. Anderseits sehen Sie in Jesus eine große Milde gegenüber den Bösen. So schlägt er vor, daß man sie nicht ausrotten, sondern sie bis zum Jüngsten Gericht mit den Guten wachsen lassen solle.

Dies bedeutet nicht, daß Jesus den Kampf meidet. Aber ein Schütze zielt mit seinem Gewehr um einen Punkt höher als das Ziel.

Der böse Mensch wird von einer Kraft getrieben, über die er keine Kontrolle hat; das ist die Macht der Sünde. Manchmal müssen Sie feindliche Menschen als solche bekämpfen. Sie müssen gegen Menschen angehen, die Sie von der Erfüllung Ihrer Pflicht abhalten. Der Satan, über den Paulus sich in 1. Thess. 2,18 beklagt, weil er seinem Predigen Hindernisse in den Weg legt, mag sehr wohl einen menschlichen Namen getragen haben. Und doch ist der Kampf des Christen nicht so sehr gegen Menschen als gegen den Satan und die Sünde gerichtet. Die Sünde ist in der Hauptsache nicht ein Fleck auf der Seele, sondern Verrat an einem Freund – an Jesus! Unser Kampf richtet sich gegen Herrschaften, gegen überirdische Mächte, gegen Gewalten der Finsternis, gegen das Heer der bösen Geister unter dem Himmel.

* *
*

Wir haben gegen den Hochmut zu kämpfen.

Nachdem Jesus Seinen Jüngern die Füße gewaschen hatte, trocknete Er sie. Nasse Füße bedeuten, daß sie schmutzig waren und gewaschen werden mußten. Trokkene Füße zeigen einfach, daß sie rein sind. Jesus möchte nicht, daß wir gereinigte Sünder sind, sondern reine Menschen!

Auch wir sind gerufen, die Sünden anderer in aller Demut abzuwaschen. Der heilige Johannes vom Kreuz sagte: „Dort, wo keine Liebe ist, pflanze Liebe, und du wirst Liebe finden."

* *
*

Jesus diente sogar mehr als nötig war. Sein gewöhnlicher Tod hätte genügt, um unsere Sünden zu sühnen. Aber Er nahm Leiden auf sich, die nicht prophezeit waren, wie die

Krone aus Dornen. Sollten Sie die erstaunlichsten Sünden und Verbrechen begangen haben, unübertroffene Verbrechen und niemandem bekannt, könnten Sie ganz sicher sein, daß Jesu Opfer genügt, um Sie von diesen Verbrechen zu retten.

Da Er sich bis zum äußersten erniedrigte, müssen Sie Ihren Hochmut bis zum äußersten bekämpfen.

Wir sollten mehr für Ihn tun, als von uns erbeten wird. Den Diener, der nur das tut, was von ihm verlangt wurde, nennt Jesus unprofitabel. Als Er nach Jerusalem wollte, bat Er demütig um einen Esel, um darauf zu sitzen. Christen von heute fliegen mit Jets und fahren mit Autos, um Ihn zu verkündigen. Beschränken Sie nicht Ihren Blick! Erhöhen Sie Jesus! Das bedeutet: lassen Sie Ihn größer werden! Lassen Sie Ihn nicht immer auf einem Esel sitzen, machen Sie Ihn nicht zum Gott einer kleinen Konfession, einer Rasse, einer Nation oder einer religiösen Ansicht.

Gott hatte angeordnet, daß Sein Tempel ein Zelt sein sollte. David tat mehr, als Gott wollte. Er bestimmte, daß Gott einen Palast als Tempel haben sollte.

Auch Christus machte nicht nur das, was Gott Ihm für unsere Erlösung zu tun befahl. – Er tat mehr.

* *
*

Obgleich kämpfend, dient der Christ doch mit Sanftmut. Am meisten hat Jesus die Tat einer Frau gepriesen (Mtth. 26,10–13). Es war eine poetische Geste, die keinem nützlichen Zweck diente. Wozu braucht man schließlich das Leiden der Märtyrer? Wenn sie klug gewesen wären, hätten sie flüchten und somit überleben können. Aber es ist Schönheit im Opfer, nicht Nützlichkeit. Schönheit wird von Jesus hoch bewertet.

Führen Sie Ihre Kämpfe auf schöne Weise.

* *
*

Kämpfen Sie ohne Furcht, verlassen Sie sich darauf, daß Christi Schiff entgegen dem Gesetz der Hydrodynamik fährt. Es bleibt flott, auch wenn es voll Wasser ist (Luk. 8,23). In dieser Hinsicht änderte die Stillung des Sturmes nichts. Schiffe voller Wasser gehen unter, selbst wenn die See ruhig ist. Der Vormarsch der Kirche ist ein fortwährendes Wunder.

* *
*

Wir müssen kämpfen, um Seelen zu gewinnen. Jesus sagte, daß wir Menschenfischer sein sollen. Laßt uns damit anfangen, daß wir den größten Fisch fangen. Das Symbol Jesu war in den ersten Jahrhunderten der Fisch, im Griechischen „Ichtys", ein Wort, zusammengesetzt aus den Anfangsbuchstaben der griechischen Worte: „Jesus Christus, Sohn Gottes, Retter."

Laßt uns diesen großen Fisch fangen, und dann werden wir auch andere Fische haben.

* *
*

Nachdem Jesus für uns gelitten hatte, wurde Er auferweckt und fuhr gen Himmel. Dort wurde Er gekrönt. Er hatte sich entäußert, um ein Mensch zu werden. Jetzt ist Er wieder auf dem Thron Gottes.

Gott identifiziert sich mit uns. Im Hebräischen und Griechischen heißt es nicht: „Der Gott Abrahams, Isaaks und Jakobs", sondern einfach: „Der Gott Abraham, Isaak und Jakob." Er ist ein Gott, der sich uns gleichgestellt hat. Wenn Er gekrönt ist, sind auch wir gekrönt. „Isaak" bedeutet im Hebräischen: „Er wird lachen." Er ist der Gott, der den Sieg in Seiner Tasche hat. Er ist der Gott Isaak. Er wird lachen.

Er nimmt unsere Namen an, wenn sie auch manchmal lächerlich klingen, wie beispielsweise der Name Jakob, der „An der Ferse halten" bedeutet.

Niemand hat sich so mit Sünde befleckt, daß Gott nicht bereit wäre, sich mit ihm zu identifizieren. Sie können zusammen mit Jesus gekrönt werden! Und dann werden Sie das Leben eines Gekrönten führen, ein glückliches Leben.

Es gibt einen Gott, der heißt: „Gott Abraham, Gott Isaak." Einer Seiner Namen ist „Gott Richard". Die Kirchenväter lehrten, daß Gott alle Namen habe. Durch die Kirche möchte Gott sich mit den Menschen identifizieren.

Als ich das Neue Testament zum erstenmal gründlich las, schien es mir ein lächerliches Buch zu sein. Paulus schreibt davon, daß er mit Jesus gekreuzigt und begraben sei, und darüber, daß er an himmlische Orte versetzt sei – Behauptungen, die unmöglich wahr sein konnten.

Paulus ist nicht mit Jesus gekreuzigt worden. Jesus starb zwischen zwei Verbrechern, und das war alles. Paulus konnte nicht begraben sein. Wer tot in ein Grab gelegt wurde, schreibt nicht Briefe über seine Erfahrungen. Er saß nicht an himmlischen Orten, sondern in einer Gefängniszelle. Wie kann nur ein Buch, das von Millionen als heilig betrachtet wird, solche Phantasien oder direkte Lügen enthalten?

Des Rätsels Lösung fand ich beim heiligen Thomas von Aquin. Er sagt: „Actiones et passiones sunt suppositorum" („Handeln und Erleiden gehören zur Person"). Es ist nicht mein Magen, der hungrig ist, sondern ich bin hungrig. Ich gehe, nicht meine Beine gehen. Ich denke, nicht mein Gehirn denkt. Jedes meiner Glieder ist Ich. Ich bin gesund, krank, reich, arm. Ich sterbe. Die ganze Person ist in jedem Handeln und Erleiden einbezogen.

Christen gehören zu einem großen Leib – Jesus Christus. Genauso wie ich verletzt bin, wenn Sie mein Schienbein mit Ihrem Fuß treten, so ist Christus verletzt oder liebkost in dem, was uns, Seinen Gliedern, angetan wird. Denken Sie nur ja nicht, daß ich vom Leib Christi, der von den Christen gebildet wird, als einem mystischen spreche.

Paulus schreibt: „Wir sind Glieder seines Leibes." Dies könnte in einem geistlichen Sinn ausgelegt werden. Er fährt fort: „(Glieder) von seinem Fleisch." Dies könnte vielleicht auch vergeistigt werden. (Was kann ein Exeget nicht alles vergeistigen!) Um ganz sicher zu gehen, betont er nachdrücklich seine Meinung: „Wir sind Glieder seines Leibes, von seinem Fleisch und von seinem Gebein" (Eph. 5,30).

Ich bin ein Glied Seines Leibes. Damit bin ich an allem beteiligt, was Ihm geschehen ist und jetzt noch geschieht. Ich bin mit Ihm gekreuzigt und begraben worden. Ich sitze mit Ihm an himmlischen Orten. Ich werde mit Ihm in Herrlichkeit wiederkommen. Er ist mit mir in meinem täglichen Leben. Luther sagt richtig: „Der Christ ist Christus." Ich identifiziere mich mit Ihm, Er sich mit mir. Unsere Religion ist ohne Fürwörter.

* *
*

Nun, da die Christen wissen, daß sie zusammen mit Jesus gekrönt sind, brauchen sie niemand zu fürchten, weil die Furcht – neben der Sünde der größte Feind der Seele – verschwunden sein wird.

Wir können immer ruhig bleiben. Wenn Sie alt werden, brauchen Sie nicht zu fragen, was Sie in Ihren alten Tagen machen werden, sondern – was Gott mit Ihnen im Alter machen wird. Sollten Sie ein hohes Alter erreichen, wird Er Ihr Alter „hoch" sein lassen.

* *
*

Gekrönt mit Jesus, können Sie die Worte des Bernhard von Clairvaux erfüllen: „Laß deine Ohren fasten in bezug auf Gerüchte, Lob, Verleumdung, Klatsch und Streit. Und deine Zunge laß fasten in bezug auf Verleumdung, Murren und Schimpfen."

* *
*

Die Ruhe des gekrönten Gläubigen bleibt unter den schwierigsten Umständen erhalten.

In einem sibirischen Gefängnis weigerten sich katholische Nonnen, ihre Tracht abzulegen und die Gefängnisuniform anzuziehen, die sie als Zeichen des Antichristen ansahen. Sie wurden in die Badestube gebracht, und während sie sich wuschen, wurden ihre Gewänder vertauscht. Als sie herauskamen und immer noch bei ihrer Verweigerung blieben, zwang man sie, draußen in der Kälte zu sitzen. Die Temperatur betrug 40 Grad unter Null. Unerschrocken begannen sie ihre Gebete zu sprechen. Die Ärztin des Gefängnisses, eine jüdische Trotzki-Anhängerin, sagte zu ihnen: „Ihr begeht Selbstmord." Sie gaben keine Antwort, sondern fuhren mit ihren Gebeten fort. Auch als die männlichen Wärter hinzukamen, blieben die 60 Nonnen, wo sie waren. Der Gefängnisdirektor fürchtete sich, kommunistische Jugendliche herbeizuholen, die sie mit Gewalt angezogen hätten, aus Angst, sie könnten vom Mut dieser Nonnen „vergiftet" werden.

Mittlerweile waren die zitternden Frauen blau vor Kälte. Nackt wurden sie über den Schnee zu ihren Zellen geschleift. Der Direktor, im Rang eines Majors, sagte: „Es war leichter, gegen die Nazis zu kämpfen, als gegen diese Nonnen."

Jede Nonne beugte ihr Haupt, während sie am Major vorüberging, und sagte: „Möge Gott Ihnen vergeben." Manche von ihnen konnten nicht mehr gehen und wurden von anderen gestützt.

So rannten sie über den Schnee und sangen das „Vaterunser" nach der alten gregorianischen Weise. Keine von ihnen wurde krank. In ihren Zellen zogen sie Lumpen von anderen Gefangenen an. Sechs Stunden waren sie in der Kälte gewesen.

Eine andere Ärztin fragte die Jüdin Dr. Bravermann: „Wie erklären Sie es vom medizinischen Standpunkt, daß nicht eine von ihnen sich erkältet hat?" Die atheistische Jüdin antwortete: „Die Nonnen haben es selbst erklärt, indem sie die Worte sangen: ‚Vater unser, der du bist im Himmel'."

* *
*

Gekrönt mit Jesus, sind Sie befreit von der Sorge, was Ihre Zukunft anbelangt. Sie folgen still Ihren Eingebungen, denn Sie wissen, daß das Gesetz Gottes in Ihr neues Herz geschrieben ist.

Sie wissen, daß Gott ebenso Ihr Vater ist, wie Er der Vater Jesu Christi war, und daß Er um jede Einzelheit Ihres Lebens besorgt ist.

Im 5. Buch Mose 16,6–7 befiehlt Gott den Juden, Seinem erwählten Volk, am Passahfest ein Lamm zu essen. Ein Lamm kann auf vielerlei Weise zubereitet werden: als Rostbraten, im Ofen gebraten, gekocht. Sicher schmeckt der Rostbraten am besten. Und Sie können sehen, wie Gott sich auch darum kümmert. Im siebenten Vers gibt Er an, wie es zubereitet werden soll, damit es gut schmeckt. Er handelt so, als ob Er der Oberkellner in einem großen Restaurant wäre, der gern empfiehlt, was man essen soll. So sagt Er: „Du sollst das Lamm auf dem Rost braten."

* *
*

Wenn Sie wissen, daß Sie von solch einem Gott erhalten werden, wird alles um Sie herum schön.

Nur die Bibel stammt von Gott. Die Überschriften sind von Menschen. Sie fühlen das sofort. Jesus erzählt ein Gleichnis von einem Mann, der guten Weizen in seinem Feld aussäte, während ein Feind in der Nacht kam und Afterweizen (Lolch) säte. Zuletzt wurde das Unkraut verbrannt und der gute Weizen in die Scheune gebracht. Engel fällten die Entscheidung. Die Überschrift in der Bibel lautet: „Das Gleichnis vom Unkraut." Warum heißt es nicht: „Vom Weizen und vom Afterweizen"?

Jesus erzählt eine Parabel von neunundneunzig Schafen, welche treu blieben, und einem, das verlorenging. Diese wird von den Menschen „Das Gleichnis vom verlorenen Schaf" genannt.

Jesus erzählt ein anderes Gleichnis von einem guten Vater und seinen zwei Söhnen, von denen einer beim Vater blieb, während der andere ihn mit seinem Erbteil verließ, es vergeudete und dann heimkehrte. Dieses wird „Das Gleichnis vom verlorenen Sohn" genannt. Warum nicht: „Das Gleichnis vom guten Vater"? Oder: „Das Gleichnis vom bußfertigen Sohn"? Die Überschriften sind nicht gut gewählt.

Die Kinder Gottes sollten darauf achten, was schön und wahr ist, weil ihre Seele und ihr Geist gereinigt sind durch die Hygiene der Anbetung. Sie sollten solche irreführenden Überschriften vermeiden.

* *
*

Wenn Sie mit Jesus gekrönt sind, können Sie ein Leben voll Liebe führen. Sie riskieren nichts, wenn Sie lieben, ohne geliebt zu werden. So wurden wir von Jesus geliebt. Obgleich Er verachtet und verlassen war, wurde Er doch Herr über alle.

Wenn Sie diesen Lebensabschnitt erreicht haben, bleiben Sie dabei!

Es war einmal ein Sohn, der ein großer Naturfreund war. Mit viel Überredungskunst brachte er seinen Vater, der die Bequemlichkeit liebte, dazu, während eines Spaziergangs einen Berg zu besteigen. Auf dem Gipfel rief der Sohn ergriffen aus: „Sieh Vater, wie wundervoll ist es unten!" Worauf der Vater verärgert zur Antwort gab: „Schleppst du mich auf diese Höhe, damit ich sehen kann, wie schön es unten ist?"

Schauen Sie nicht zurück! Sehen Sie nicht ins Tal, von wo Sie gekommen sind.

Gekrönt mit Jesus, haben Sie eben den Gipfel erreicht. Bleiben Sie dort und schauen Sie aufwärts.

* * *

Wenn Sie an den gekrönten Jesus glauben, können Sie annehmen, was jeder Tag Ihnen bringt, sind doch Ihre Tage von einem liebenden Gott vorherbestimmt.

In Joh. 18,31-32 lesen wir, daß die Juden Jesus nicht nach ihrem Gesetz hinrichten wollten, das Strafe durch Steinigung vorschrieb. Sie beschlossen vielmehr, daß Er gekreuzigt und nicht gesteinigt würde. Sie glaubten, dies aus ihrem eigenen freien Willen heraus zu tun, und erkannten nicht, daß ihre Entscheidung in Wirklichkeit vorausbestimmt war. Sie riefen: „Kreuzige ihn!" so daß die Worte Jesu erfüllt wurden, die Er sprach, als Er den Tod bezeichnete, den Er sterben sollte.

So sind alle Dinge in unserem Leben vorherbestimmt. Wir sind wie Menschen, die ein Kinostück ansehen. Einmal war ich in einem Theater selbst überrascht, als ich für jemand betete, der auf der Leinwand zu sehen war. Es handelte sich um einen Unschuldigen in Todesgefahr. Aber der Ausgang war schon lange zuvor entschieden. Er war vorherbestimmt auf dem Film in der Kammer des Vorführenden.

* * *

Wir führen ein bevorzugtes Leben. Christen haben nicht nur keinen freien Willen, sondern sind von vornherein mit allem einverstanden, was Gottes Planung für sie enthält. Den Engeln gleich erfüllen sie einfach Gottes Weisungen.

Wie das Feuer alles in Feuer verwandelt, was hineingeworfen wird, so bezieht Gott jeden, der zu Ihm kommt, in die Gottheit ein. So werden Gottes und des Menschen Wille eins auf das Ziel hin – und bleiben doch zwei.

Christen begrüßen den Tod als Bruder.

Mein Leib hat viele Formen gehabt: die eines Embryos, die eines Säuglings, eines Kindes, eines Erwachsenen und eines alten Mannes. Er ist manchmal gesund und manchmal krank gewesen. Warum soll ich mich über die Tatsache grämen, daß der Leib zur Leiche werden wird? Ich bin nicht mein Leib; ich werde bleiben. Ich bin unzerstörbar.

In Amos 8,2 sagt der Herr zum Propheten: „Das Ende ist gekommen über mein Volk Israel." Aber sogar hier hat die Allmacht Gottes eine Grenze. Er konnte Sein Volk nicht vernichten. Dieses Volk ist sicher.

* * *

Sterben bedeutet, nicht zu verschwinden. Es bedeutet, durch eine Tür hinauszugehen und durch eine andere einzutreten.

Wenn wir an den gekrönten Jesus glauben, kommen unsere Herzen zur Ruhe. Gott kann die vielen Türen, die um uns herum sind, schließen. Aber Er schließt niemals die eine, die über uns ist.

* * *

Wenn Sie an den gekrönten Jesus glauben, haben Sie ein Recht auf die heilige Kommunion. Eine solche Kommunion wiegt die Nöte eines ganzen Lebens auf.

Christen sind Glieder des Leibes Christi, Fleisch von Seinem Fleisch, Gebein von Seinem Gebein. Er ist der Hohepriester. Der ganze Hohepriester mit Kopf und Leib steht vor Gott. Christus, der vor zweitausend Jahren Seinen irdischen Leib auf Golgatha geopfert hat, opfert jetzt Seinen mystischen Leib in den Kreuzträgern unter den Gläubigen. Christus ist vertreten am Abendmahlstisch. Der Christ ist Christus. Auch wir sind im Brot und Kelch, so auch alle unsere Brüder aus allen Zeitaltern und Orten, die schwächsten eingeschlossen.

Vom Opfer ihres Hauptes, das im heiligen Abendmahl gefeiert wird, lernt die Kirche sich selbst und alle ihre Besitztümer zu opfern.

Im heiligen Abendmahl müssen der Geistliche und die Kommunikanten auch von sich sagen: „Das ist mein Leib, . . . das ist mein Blut, vergossen zur Vergebung der Sünden."

Der heilige Zyprian schrieb: „Die Opferung unseres Erlösers wird nicht mit der nötigen Heiligkeit gefeiert, wenn unsere eigene Opferung nicht mit Seinem Leiden übereinstimmt."

Augustinus lehrte: „Gott weiß nichts Besseres; allmächtig, wie Er ist, kann Er doch nichts Wertvolleres schaffen als die allerheiligste Eucharistie" (der alte Name für das heilige Abendmahl).

Katholiken und Orthodoxe auf der einen Seite, Protestanten auf der anderen, haben jahrhundertelang über die Frage der Transsubstantiation gestritten, das heißt, ob Brot und Wein sich wirklich zu Leib und Blut Jesu verwandeln. Es wäre viel wichtiger, zu glauben, daß *wir* verwandelt sind, daß unsere Leiber wirklich Sein sind und daß Sein Blut in unseren Adern fließt. Dann würde unser Leben gottesfürchtig sein, gestärkt durch den Erinnerungsakt der heiligen Kommunion.

* *
*

Sie haben den rettenden, den leidenden, den dienenden, den kämpfenden und den gekrönten Jesus.

So können Sie trotzig Ihre Leidenschaften anschreien. Wenn diese Sie auch millionenmal zu Fall bringen, werden sie Sie nicht bezwingen, werden Sie sie schließlich doch vernichten, wie lange der Kampf auch dauern mag. Das Wesen der christlichen Religion ist nicht gewinnen, sondern wagen. Jesus ist der Weg, nicht nur der Siegespreis.

* *
*

3.

Was müssen Sie tun, um ein sieghaftes Leben zu führen?

Im allgemeinen hat die Frageform „Was soll ich tun?" in der christlichen Religion keinen Platz. Es gibt darauf keine Antwort, weil die Frage falsch ist. Wieviel Sie auch tun mögen, Sie könnten nie die Gaben Gottes zurückzahlen. Wieviel würden Sie dafür zahlen, daß Sie Augen haben? Der Christ sagt einfach: „Ich habe unzählige Gaben erhalten und ich vertraue, daß der Eine, der bisher so großzügig zu mir gewesen ist, auch weiterhin mich beschenken wird. Er wird auch Sieg geben."

Der Christ vermeidet es, etwas zu wünschen, das Gott nicht gibt. Irdische Reichtümer werden durch Anstrengung erworben, geistliche Gaben durch Entsagung.

Glauben Sie einfach an Gott, und der Verzicht auf das, was Er nicht gibt, wird Sie zum Sieg führen.

Der Christ hat keine eigenen Ziele zu suchen. Er steht passiv Gott zur Verfügung. Deshalb ist er geheiligt, ohne verkrampft zu sein. Verkrampfung ist nur vorhanden, wenn man von Ehrgeiz angestachelt ist. Aber Ihre Heiligung ist nicht Ihr Ehrgeiz. Es ist Gottes Ehrgeiz für Sie. Sie werden sie erreichen, während Sie entspannt sind.

* *
*

Wenn Sie Christ werden, beginnt ein neues Kapitel in Ihrem Leben. Musiker stimmen ihre Instrumente, bevor sie spielen. Tun Sie dasselbe! Sie werden auch auf eine gewisse Art musizieren.

* *
*

Der junge David, ein Hirtenjunge, wurde an den Hof König Sauls gebracht und war bald der Liebling aller. Einst, als der Hof versammelt war, bat er den König um Erlaubnis, auf einer Harfe zu spielen, welche der König neben seinem Thron stehen hatte. Der König antwortete: „Es hat keinen Sinn! Ich bin von dem, der sie hergestellt hat, betrogen worden. Niemand hat jemals auf ihr spielen können. Sie bringt nur Mißklang hervor."

David beharrte auf seinem Wunsch. Als er mit seinen Fingern die Saiten berührte – horch, wie das Instrument nach seinem Willen zu jubeln und zu weinen und wieder zu jubeln begann. Das Spiel war so herrlich, daß alle zu Tränen gerührt waren, als er aufhörte.

Der König fragte ihn: „Wie kommt es, daß alle anderen auf dieser Harfe nicht spielen konnten, du es aber konntest?" David antwortete: „Alle anderen versuchten ihre eigenen Lieder zu spielen. Dem widersetzte sich die Harfe. Ich spielte *ihr* Lied. Ich erinnerte sie an die schönen Zeiten, als sie ein junges Bäumchen im Walde war, als Vöglein in ihren Zweigen zwitscherten und ihre Blätter im Sonnenschein badeten – und Ihr hörtet die Freude der Harfe. Dann bekundete ich mein Mitgefühl für ihr Leiden, das sie an dem schrecklichen Tag durchmachte, als Männer den Baum fällten. Aber des Baumes Tod war nicht vergeblich: aus seinem Holz wurde eine Harfe gebaut, auf welcher der Lobpreis Gottes gespielt werden kann. Und die Harfe jubelte, als sie ihre Berufung erkannte."

Wenn der Messias kommt, werden viele versuchen, ihre eigenen Lieder auf Seiner Harfe zu spielen. Das Ergebnis wird ein Christentum mit schrecklichem Durcheinander sein. Aber es wird immer Auserwählte geben, die Seine Lieder spielen werden, das Lied von Seiner ewigen Herrlichkeit, das Lied von Seiner Erniedrigung als Kindlein in der Krippe, das Lied von Seinem schweren Erdenleben, das Lied von Golgatha, das Lied von Seiner Auferstehung und Himmelfahrt.

Stimmen Sie Ihr Instrument, um *Seine* Lieder zu spielen!

* *
*

Im „Gleichnis vom Unkraut" lehrt Jesus, daß der Teufel unseren Gott gut nachahmen kann. Er kann Unkraut säen, das dem Weizen so ähnlich ist, daß nicht einmal sicher ist, ob die Auserwählten den Unterschied merken.

Trauen Sie nie Ihrem eigenen Urteil in Sachen des Glaubens. Christus hat die Kirche als eine Gemeinschaft gegründet, damit sie die Regeln des christlichen Verhaltens gemäß dem Gotteswort festlegt. Es ist nicht richtig, zu tun, was *Sie* für richtig halten. Sie können, ohne es zu merken, betrogen werden.

Wenn Sie an Jesus glauben, kommen Sie in die Gemeinschaft der Heiligen. Sie sind in Gemeinschaft der Heiligen früherer Zeiten, wie Paulus und Silvanus, die heute noch im Himmel für Ihren Glauben danken (1. Thess. 2). Sie sind in Gemeinschaft mit den Heiligen aller Zeiten sowie auch mit denen, die Ihre Zeitgenossen sind.

Ich habe Ihnen oben geraten, die Jünger außer acht zu lassen, um zu Jesus zu kommen. Da Sie nun Sein eigen sind – suchen Sie die Jünger!

* *
*

Die Kirche hat ein Gesetzbuch mit Vorschriften, aber es bezieht sich nicht auf alle Dinge. Es hat sich im Laufe der Geschichte oftmals geändert. Abgesehen von den wichtigsten Lehrsätzen über die Ethik, überläßt die Kirche die Entscheidung für Ihr Christenleben Ihrem eigenen Gewissen, das vom Worte Gottes erleuchtet ist. Geistliche Führer, die beanspruchen, alle Antworten in jedem einzelnen Fall zu wissen, bestätigen damit, daß sie falsche Lehrer sind. Der wahre Lehrer sagt in vielen Fällen: „Ich weiß es nicht."

Sie werden Ihre eigenen Entscheidungen sogar in sehr großen Dingen treffen müssen. Es gibt so etwas wie einen sittlichen Relativismus.

Sogar das Gebot „Du sollst nicht töten" ist nicht absolut. Nicht jedes Töten ist falsch. Welch eine Wohltat wäre es für die Menschheit gewesen, wenn ein Komplott gegen Hitler in einem frühen Stadium gelungen wäre!

Aber die Kirche weiß auch um solche besonderen Umstände. Als ein Glied der Kirche fahren Sie auf soliden Schienen. Die großen Linien des Verhaltens sind festgelegt und schließen auch mögliche Ausnahmen mit ein. Die Kirche hat weise Pfarrer. Fassen Sie Ihre eigenen Entschlüsse, aber besprechen Sie sich mit ihnen. Einer der besten Entschlüsse, die Sie fassen können, ist, Ihrem Pfarrer zu gehorchen.

* *
*

Die Kirche hatte und hat noch viele wahre Heilige. Ich will einige Episoden aus dem Leben dieser Heiligen schildern. Manche von ihnen werden extravagant erscheinen. Aber außergewöhnliche Menschen können nicht nach gewöhnlichen Maßstäben beurteilt werden. Sie sind anders als jeder andere.

* *
*

Justin, der Märtyrer, wurde vom Gouverneur gefragt: „Du, sogenannter Mann der Schrift, von dem man meint, daß du die wahre Weisheit hast: wenn du jetzt gegeißelt und hingerichtet würdest, glaubst du, dann in den Himmel zu kommen?" Justin antwortete: „Ich bin überzeugt, daß ich dort leben werde, wenn ich all dies überstehe. Ich bin davon voll überzeugt." Der Gouverneur drohte ihm erneut, erhielt aber von neuem zur Antwort: „Unser inniger Wunsch ist es, für unsern Herrn Jesus Christus zu leiden und dann erlöst zu werden."

* *
*

Ein Mann, der jetzt als der heilige Antonius der Große bekannt ist, hörte einst in der Kirche den bekannten Vers: „Willst du vollkommen sein, so gehe hin, verkaufe was du hast, und gib's den Armen . . . und komm und folge mir nach" (Mtth. 19,21). Als ob er allein in der Kirche sei, wußte Antonius, daß die Worte an ihn gerichtet waren. Jesus hatte sie ausgesprochen und der Evengelist hatte sie wiedergegeben – für ihn. Antonius ging sofort hin und veräußerte seine 120 Morgen Land und seine 300 Schafe. Alles ging an die Armen. Er ermunterte seine Schwester, dasselbe zu tun. Sie wurde Nonne, er Mönch.

Brot, Salz und Wasser waren einmal täglich seine Nahrung, manchmal einmal wöchentlich. Er lebte in einer Schloßruine auf dem Gipfel eines Berges. Alle sechs Monate wurde ihm Brot gebracht. Dort blieb er 20 Jahre.

Jede Nacht wurde im Gebet verbracht. Einst machte er der aufgehenden Sonne den Vorwurf: „Warum lenkst du mich von der Versenkung in den Glanz des wahren Lichtes ab?"

Nach zwanzigjähriger Meditation kehrte er ins aktive Leben zurück. Während der Verfolgung durch Maximinus reiste er nach Alexandrien, um die gefangenen Gläubigen zu stärken. (In unseren Tagen hat nicht ein Kirchenführer daran gedacht, so etwas zu tun.) Er besuchte Sträflinge, die zur Zwangsarbeit in den Bergwerken des Sudans verurteilt waren.

Er verbarg den heiligen Athanasius vor seinen Häschern.

In einer Vision sah der Heilige einmal, wie die Erde mit teuflischen Fallen bedeckt ist, daß es unmöglich schien, nicht in eine von ihnen zu geraten. Er fragte Gott, wie man sie meiden könnte. Ihm wurde mit einem Wort geantwortet – „Demut!".

* *
*

Ein Witwer beschloß, in ein Kloster einzutreten. Er hatte eine einzige Tochter, die darauf bestand, als Mann verkleidet mit ihm zu gehen, damit sie für ihn sorgen könnte. Sie wurde unter die Mönche eingegliedert. Sie bezauberte alle Brüder mit ihrer Stimme und ihrer Fertigkeit im Kochen und Waschen. Man hielt sie für einen Mann. Sie gewann das Vertrauen des Abtes. Er schickte sie mit zwei anderen Mönchen in die Stadt, Einkäufe zu machen. Der Herbergswirt, bei dem sie einzukehren pflegten, hatte eine Tochter. Diese wurde nach einer Affäre mit einem Soldaten schwanger, der sie aber nicht heiraten wollte. Verzweifelt fragte sie: „Was soll ich tun? Der Vater wird mich umbringen!" Der Soldat antwortete: „Sag ihm, daß dieser nette junge Mönch dich vergewaltigt hat." Sie tat es.

Als Theodora (dies war der Name des „Mönches") von der Stadt zurückkehrte, war der Abt bereit, sie zu schlagen, hatte er doch schon vom Vater die Beschwerde erhalten. „Wie konntest du so eine Schande über unser Kloster bringen?"donnerte er sie an. Theodora hatte Angst, daß einer der andern zwei Mönche die Sünde begangen haben könnte. Sie wußte, daß man ihn, wenn er für schuldig befunden wurde, aus dem Kloster ausschließen würde, und daß er dann vielleicht in noch größere Sünde fallen könnte. So fiel sie vor dem Abt auf die Knie und sagte: „Vergib mir alle meine großen Sünden." Der Abt trieb sie hinaus. Sie lebte als Bettler vor der Pforte des Klosters und neigte sich vor jedem Mönch, der vorüberging, mit den Worten: „Vergib mir, einem erbärmlichen Sünder!"

Nach vielen Jahren verzieh ihr der Abt. Sie wurde wieder in das Kloster aufgenommen, mußte aber die niedrigsten Arbeiten verrichten und wurde von allen mit Verachtung behandelt. Als sie starb, mußte ihr Leib gewaschen werden. Da wurde entdeckt, daß sie eine Frau war und daß sie die Sünde eines anderen zugedeckt hatte.

Von der Zeit an ist sie als heilige Theodora geehrt worden.

* * *

Der heilige Paphuntius verkaufte sich als Sklave an einen Schauspieler mit dem einzigen Ziel, ihn zu bekehren. Diese Bekehrung dauerte zwanzig Jahre. Danach gab der Schauspieler ihm die Freiheit. Nun verkaufte er sich, um einer armen Witwe das Leben leichter zu machen.

Als er zum zweitenmal freigelassen wurde, erhielt er einen Mantel, einen Rock und ein Neues Testament. Der Mantel ging an den ersten Bettler, der Rock an den zweiten. Das war leicht getan. Aber wie konnte er ein Neues Testament behalten, da es doch so viele arme Menschen gab? Er verkaufte es und gab auch dieses Geld weg.

Nichts als trockenes Brot und Wasser kamen in seinen Mund und kaum etwas außer Worten der Heiligen Schrift kam aus seinem Mund.

* *
*

Der heilige Zyprian schrieb an die gefangenen Christen seiner Zeit: „Ihr habt keine Kleider an eurem Leib und nur ein wenig Brot als Nahrung, aber ihr seid in Christus mit Herrlichkeit bekleidet. Der Mensch lebt nicht vom Brot allein."

* *
*

Das Lebensmotto des heiligen Johannes Chrysostomus war: „Ehre sei Gott für alles!" Mit diesen Worten beendete er seine Briefe aus dem Exil. Nachdem Soldaten ihn im Winter durch den Schnee geschleift hatten, starb er am Wege in einer kleinen Kapelle. Seine letzten Worte auf dem kalten Steinboden waren: „Ehre sei Gott für alles!"

* *
*

Thaïs war in Ägypten eine Hetäre gewesen. Ein Mönch, der heilige Serapion, bekehrte sie. Er hatte gewöhnliche Kleidung angelegt und hatte in der Reihe gewartet, als ob er ihre Gunst erlangen wollte. Sie war von seinen Worten so beeindruckt, daß sie in der Folge ihre Möbel, ihre Kleider, ihre ganze Ausstaffierung und anderen Luxus verbrannte. Serapion brachte sie in einem Kloster unter, wo er sie drei Jahre in einer Zelle mit versiegelter Tür hielt. Ihre Kost bestand aus Brot und Wasser. Die ganze Zeit über sprach sie nur ein Gebet: „Du, der du mich geschaffen hast, rette mich."

Am Ende der drei Jahre hatte der Mönch eine Vision, in der er ein prächtiges Wohnhaus sah, das im Himmel bereitet war. Er war überzeugt, daß es für den heiligen Antonius dastand, aber eine Stimme sagte zu ihm: „Dieser Platz ist für Thaïs." Serapion entsiegelte die Tür. Vierzehn Tage später verschied Thaïs.

1899 ist bei Ausgrabungen ihre und Serapions Zelle mit Inschriften entdeckt worden, die ihre Identifikation ermöglichten.

* *
*

Der alte Zosimus sah in der Wüste ein nacktes Wesen. „Ich bin eine Frau", schrie sie von weitem. „Wirf mir deinen Mantel zu, um mich zu bedecken." Sie bekannte ihm, daß sie während ihrer ganzen Jugendzeit ein schlechtes Leben geführt habe. Einmal ging sie zu einem christlichen Fest nach Jerusalem, um ihrem Gewerbe nachzugehen. Dort kam sie zur Besinnung und bat Christus um Gnade zur Buße. Seitdem, sagte sie, habe sie 47 Jahre in der Wüste zugebracht und sich von Beeren und Blättern ernährt. Ihre Kleider waren in Stücke zerfallen.

Sie bat Zosimus, im folgenden Jahr mit dem heiligen Abendmahl wiederzukommen. Sie nahm das Mahl und sang: „Herr, nun läßt du deine Dienerin in Frieden gehen ..." und flehte den Priester an, in der Fastenzeit wiederzukommen. Diesmal fand er sie tot. Vielleicht haben Sie die Geschichte der heiligen Maria von Ägypten wiedererkannt.

* *
*

Räuber brachen in die Zelle des heiligen Macarius ein und plünderten dann auch das Kloster. Er half ihnen, indem er verschiedene Sachen, die sie übersehen hatten, hinaustrug.

Ein andermal ertappte er Diebe, die sich in die Zelle eines anderen Mönches einschlichen. Er warnte sie und riet ihnen, weiterzuziehen, bevor man sie ergreifen würde.

* *
*

Der heilige Polykarp, der vor die Entscheidung gestellt war, Christus zu leugnen oder von wilden Tieren zerrissen zu werden, sprach: „86 Jahre bin ich Sein Diener gewesen und Er hat mir nie etwas Böses getan. Wie kann ich diesen Herrn, der mich erlöst hat, lästern?" Er starb den Märtyrertod.

* *
*

Als die heilige Perpetua zur Zeit der römischen Kaiser in die Arena geworfen wurde, um von wilden Tieren zerrissen zu werden, stürzte sie und man konnte ihre Schenkel sehen. Sie bedeckte sie, mehr auf Anstand als auf Schmerzen achtend.

* *
*

Der heilige Franz von Assisi erkannte in einer schlaflosen Nacht, daß der Gesang der Nachtigall ein Akt der Anbetung ist. So sang er während einer ganzen Nacht abwechselnd mit der Nachtigall den Lobpreis Gottes.

* *
*

Der heilige Thomas More war im Gefängnis, weil er König Heinrich VIII. nicht als Oberhaupt der Kirche anerkannte, wollte dieser doch in dieser Zeit Genehmigung für Scheidung und Wiederverheiratung. Thomas bekam von seiner Gattin Vorwürfe zu hören: „Warum sollst du im Kerker bei Läusen und Ratten sein, wenn doch alle Bischöfe damit einverstanden sind, daß der König Führer der Kirche wird. Dein Haus wartet auf dich." Er antwortete: „Ist mein Haus dem Himmel näher als diese Zelle? Wird nicht ein und derselbe Tod mich auch aus meinem Haus holen?" Er beharrte in seinem Widerstand und wurde enthauptet.

* *
*

Zu Beginn des vorigen Jahrhunderts regierte die „blutige" Königin Ranavalona auf Madagaskar. Sie haßte die Christen, weil sie gegen den Sklavenhandel waren. Einer Verordnung zufolge mußten alle Missionare das Land verlassen. Alle Bibeln sollten verbrannt werden. Jedem bekennenden Christen wurde sein Besitz weggenommen und er wurde als Sklave verkauft oder umgebracht.

Die Christen versammelten sich in Wäldern. Sie bildeten Untergrundkirchen. Die Königin konnte ihnen nicht den Heiligen Geist nehmen. Und sie wurden durch heldenhafte Beispiele der Märtyrer ermutigt, wie durch Rasalama, eine Frau, die singend in den Tod ging, und andere, die sich eher lebendig verbrennen ließen, als ihren Glauben zu verleugnen. Auch solche, die von Klippen gestürzt wurden, blieben bis zuletzt treu.

Fünfzehn Jahre hat diese Verfolgung gedauert.

* *
*

William Wilberforce widmete seine ganze Laufbahn der Sache der Sklaven. Und er hatte Erfolg. Als erstes sperrte er auf dem Ozean die britischen Schiffe für Sklaventransporte. Dann erreichte er die Befreiung der Sklaven im britischen Weltreich. Am 31. Juli 1834 wurden um Mitternacht 800 000 Sklaven befreit. Es war dies die Tat von Wilberforce.

Sein ganzer Kampf war durch die Liebe Christi angespornt worden. Er sagte: „Der allmächtige Gott hat mir die Abschaffung der Sklaverei aufgetragen." Er hinterließ uns die Worte: „Innere Gefühle sollten nicht als Zeichen des Heiligen Geistes in einem Menschen angesehen werden, sondern nur die Änderung von Sinnesart und Verhalten."

* *
*

Von dem dänischen Pfarrer Kaj Munk, der um seines Glaubens willen von den Nationalsozialisten ermordet wurde, kennen wir die Worte: „Es gibt Menschen, die behaupten, daß man irgendwie die Wahrheit einsalzen könne. Sie nehmen an, daß man sie gut gesalzen in einem Faß verstecken und gelegentlich, wenn es nötig ist, gebrauchen könne. Aber wir haben auch Menschen mit dem lebendigen Glauben, daß die Wahrheit dazu da ist, damit man sie sagt, und daß sie nur existiert, wenn man sie sagt. Diese Menschen sind vom gleichen Schlage wie Johannes der Täufer. Wie er, hegen sie eine Befürchtung um ihr eigenes Schicksal und fürchten noch mehr die Verheerungen und Leiden, die die nackte Wahrheit über ihr Volk bringen kann. Aber eines Tages wird ihnen klarwerden, daß Feigheit nicht länger ihre Zunge binden darf, und daß die Leiden, die durch Heuchelei, Schweigen und Lügen über das Volk kommen, tausendmal gefährlicher sind. Auch wir haben in unserem Land einen Herodes, der mit fremden Göttern Blutschande treibt. Ich habe ihn den Kompromißgeist genannt, der um der Bequemlichkeit willen vor unwürdigen Taten nicht zurückschreckt."

* *
*

Pastor Bonhoeffer, ein Deutscher, der unter Hitler zum Märtyrer wurde, schrieb aus dem Gefängnis: „Ich bin meines Glaubens ganz sicher geworden. Er hat sich unter schweren Belastungen nicht erschüttern lassen. Es ist da niemals ein Augenblick des Zauderns oder Verzagens gewesen . . . So merkwürdig es klingen mag: ich habe im Gefängnis gelernt, mich zu freuen."

Als er aus seiner Zelle zur Hinrichtung gerufen wurde, sagte er: „Dies ist das Ende: der Anfang vom Leben."

* *
*

Ein amerikanischer Pfarrer war im Jahre 1954 auf einer Predigtreise in Indien. Er wurde gebeten, an einer Gebetsversammlung für die Kranken teilzunehmen. Eine junge Frau mit einem wilden Blick weigerte sich, in den Gottesdienst zu kommen, und hielt sich abseits, umgeben von Menschen, die sagten, daß sie besessen sei. Als der Pfarrer neben ihr zu knien versuchte, fing sie an zu toben und sich unter Zuckungen auf ihrer Matte zu wälzen. Er betete im Namen Christi um ihre Gesundung. Als das Gebet zu Ende war, schlug sie die Augen auf – sie waren normal und voll Licht. Ein wunderschönes Lächeln ging über ihr Gesicht, als sie ihre Hände zu ihm ausstreckte, um aufstehen zu können. Sie war durch den Namen Jesu wunderbar befreit worden. Pfarrer, denen solche Vollmacht gegeben ist, sind wirkliche Heilige.

*   *
*

David Brainerd starb schon mit 29 Jahren zu Beginn des 18. Jahrhunderts, nachdem er große Nöte als Prediger bei den amerikanischen Indianern durchgemacht hatte.

In seinem Tagebuch berichtet er von diesem Kampf: „Ich lebe auf einem Bündel Stroh, meine Arbeit ist hart und außerordentlich schwierig, und ich habe wenig sichtbaren Erfolg, um mich damit zu trösten ... Die Deutschen hassen mich, weil ich bei den Indianern predige." Man munkelte, er lehre sie, den Menschen die Kehle durchzuschneiden.

Unter dem Datum eines 20. August schrieb er: „Nachdem ich die ganze Nacht in kaltem Schweiß lag, habe ich heute morgen viel Blut gehustet." Am 22. August: „Ich setze meine Fahrt flußaufwärts fort. In der Nacht herbergte ich im Freien unter Bäumen." 24. August: „Besuchte einige Delaware-Indianer und sprach mit ihnen über das Christentum."

Er hinterließ einige wertvolle Gedanken:

„Es lohnt sich, Gott nachzufolgen durch tausend Fallen, Wüsten und selbst durch den Tod."

„Gott hat mich bereit gemacht, alles, was ich nur kann und was mit der Wahrheit übereinstimmt, um des Friedens willen zu tun, und daß ich nicht ein Stein des Anstoßes für andere bin. Aus diesem Grunde kann ich mit Heiterkeit weitermachen und aufgeben, was ich wirklich nach reiflicher und unparteiischer Prüfung für mein Recht halte. Gott hat mir die Eigenschaft gegeben, daß, wenn ein Mensch mir an die hundertmal Schaden zugefügt hat und ich (obgleich so oft dadurch herausgefordert) ihm nur einmal, ich mich veranlaßt fühle und von Herzen bereit bin, in aller Demut ihm meinen Fehler zu bekennen und ihn auf Knien um Vergebung zu bitten, auch wenn er sich zur selben Zeit rechtfertigen würde im Hinblick auf alle Schäden, die er mir zugefügt hat, und mein demütiges Bekenntnis noch benutzen würde, um meinen Charakter noch mehr anzuschwärzen und mich als die einzig schuldige Person hinzustellen."

„O, es ist ein Zeichen des Himmels selbst, alle Welt mit einer freundlichen, verzeihenden und gütigen Liebe zu lieben, zu fühlen, wie unsere Seelen ruhig, mild und sanft sind; frei zu sein von allen bösen Gedanken und von Argwohn und kaum imstande, Böses von einem Menschen aus irgendeinem Anlaß zu denken; unsere Herzen einfältig zu finden, offen und frei denen gegenüber, die auf uns mit einem anderen Auge sehen."

In der Sowjetunion wurde ein Geistlicher zusammen mit einem jungen Mann, den er zum Glauben gebracht hatte, ins Gefängnis gesteckt. Die Mutter des Jungen bewarf den Pfarrer mit Steinen. Er kehrte sich ihr zu und sagte: „Ich bewundere Ihre Mutterliebe."

* *
*

Gott ist wunderbar in Seinen Heiligen.

* *
*

Sie brauchen nicht zu versuchen, ein heroisches Christenleben zu führen. Es ist ebenso wirkungslos, zu versuchen, ein Held zu sein, wie es wirkungslos ist, zu versuchen, ein Elefant zu sein. Sehr wenige haben den Stoff, aus dem große Heilige und Märtyrer gemacht sind.

Es ist gut für die Christen, zu wissen, daß in den römischen, mittelalterlichen, nationalsozialistischen und kommunistischen Verfolgungen die Mehrheit der Christen nicht bereit war, für ihren Glauben zu leiden und zu sterben. Nur eine Minderheit bot der Verfolgung und dem Tod die Stirn. Aber die anderen waren auch Christen. Gott sah, wie traurig sie über ihre Schwachheit waren und wie eifrig sie zu ihrem Glauben zurückkehrten, als die unmittelbare Gefahr vorbei war.

Es ist ein Wunder, daß Jesus wenigstens einige Schafe veranlassen kann, sich auf grünen Weiden niederzulegen (Ps. 23,2). Normalerweise legt sich ein Schaf nicht hin. Es wird stundenlang grasen, auch wenn es nicht hungrig ist. Wie kann man sich niederlegen, wenn soviel grünes Gras um einen herum ist? Wie können Sie der Welt entsagen, wenn sie Ihnen so viele Vergnügen bietet?

Aber zu den Heiligen zählen nicht nur ein heiliger Antonius und ein heiliger Paphnutius und andere, die kanonisiert sind, oder solche, die im Gefängnis für ihren Glauben gestorben sind. Das Leben eines durchschnittlichen Christen ist auch ein Christenleben. Ein gewöhnlicher Christ ist auch ein Heiliger.

* *
*

Ein kleiner Hund stand einmal neben einem großen Dobermann. Der Dobermann fragte ihn voll Verachtung: „Hältst du dich auch für einen Hund?" Der kleine Kerl wagte dem Dobermann nicht zu widersprechen. Er antwortete sehr höflich: „Herr, ich bin wirklich nicht ein großer Hund wie Sie es sind. Aber Sie können auch nicht behaupten, daß ich eine Katze bin." Kleine Hunde sind auch Hunde! Und kleine Christen sind auch Christen.

Als mein Sohn Mihai fünf Jahre alt war, geriet er in Aufregung, als ich ihm von den Heiligen vorlas, die in weißen Kleidern mit Jesus wandeln werden. Er fragte, ob Jesus Kleider habe, die klein genug für Kinder seien. Ich mußte ihm versichern, daß Jesus weiße Kleider für alle Christen hat, seien sie nun groß oder klein an Wuchs und groß oder klein im Glauben. Nicht alle von uns können im Glauben Heldentaten vollbringen. Aber wir können sie bewundern, lieben und uns über sie freuen. Wir können unermüdlich gegen die Gefahr ankämpfen, daß der Held vergessen wird. Wenn die Bewunderer die Heldentaten widerspiegeln, werden sie sogar schöner erscheinen, als sie wirklich waren. Der Verehrer macht aus dem Helden, der auch nur ein Mensch war, eine Legende.

Es sollte Sie nicht beunruhigen, daß Sie ihm nicht gleichen können. Eine Schnecke und ein Hase können denselben Weg gehen und dasselbe Ziel erreichen. Es mag für Sie länger dauern, aber Sie werden gegenüber dem Helden den Vorzug von mehr Ausdauer haben. Jeder Christ wird ein Heiliger genannt. Wenn Sie es nicht besser machen können, seien Sie eine heilige Schnecke!

Wenn Sie nicht der Beste sein können, seien Sie der Zweitbeste!

In gewisser Weise ist ein Embryo schon ein Mensch. Sie sind ein großer Künstler, falls Sie Talent haben, bevor Sie auch nur einen Strich gezogen haben. Ein Christ hat ebenso Christus in sich, wenn er die ersten unsicheren Schritte macht, wie wenn er im Glauben reif ist.

* *
*

Fürchten Sie nicht die großen Anforderungen der Bibel. Sie könnten von ihnen erdrückt werden. Denken Sie zum Beispiel an die Worte Jesu: „Ihr sollt vollkommen sein, wie euer Vater im Himmel vollkommen ist." Diese Worte drücken einen Wunsch aus. Welcher Musiklehrer hat nicht den Wunsch, daß alle seine Schüler zukünftige „Wagner" und „Beethoven" sind. Aber im Leben wirkt es sich anders aus. Niemand wird ein Genie, weil er es will, auch nicht ein außergewöhnlicher Heiliger.

Spurgeon pflegte eine Geschichte zu erzählen: Ein Mann war bekannt für seinen Obstgarten, in dem die besten Äpfel der Welt wuchsen. Sein Freund war davon nicht überzeugt. Wenn er am Garten vorüberging, hatte er öfters aus Neugierde heruntergefallene Äpfel aufgehoben und feststellen müssen, daß sie sauer und ohne Geschmack waren. Deshalb hatte er wiederholt die Einladung des Besitzers, durch den Obstgarten zu gehen, nicht angenommen. Schließlich bestand dieser darauf, den Grund zu hören. Und der Freund erzählte ihm von seiner Erfahrung. Der Besitzer lachte: „Weil ich wußte, daß ich die besten Äpfel habe, mußte ich mich mit dem Problem auseinandersetzen, wie ich sie vor Dieben und Kindern schützen könnte. So pflanzte ich rund um die Einzäunung zwei oder drei Reihen wertlose Apfelbäume. Diese entmutigen die Diebe. Aber meine Gäste werden in den inneren Obstgarten geführt, wo sie Äpfel probieren können, die an Qualität und Aroma unübertroffen sind."

Jesus hat es ähnlich gemacht. Er hat für Seine Gäste die beste der Gaben: ein stilles Vertrauen auf Sein Opfer, das sich ohne menschliche Taten und Tugenden auswirkt. Aber um zu vermeiden, daß Heuchler davon profitieren, hat Er Seinen Besitz mit einigen Bäumen umgeben, die sehr saure Äpfel tragen. Es ist ein saurer Apfel für die, die nicht zu den Auserwählten Gottes gehören, zu vernehmen, daß sie vollkommen sein sollen, wie es der himmlische Vater ist, daß sie täglich ihr Kreuz auf sich nehmen und ihr Fleisch töten sollen.

Die Gotteskinder kommen nicht auf diese Weise in Jesu Garten. Sie treten durch das Königstor ein und sind froh, gerettet zu sein – gerettet ohne eine Anstrengung ihrerseits, nur dank dessen, was Christus für sie getan hat.

* *
*

Kostenlos, ohne unser Verdienst, werden wir von Gott geliebt, wie kleine Kinder von ihren Eltern geliebt werden.

Es kommt nicht darauf an, wieviel wir im christlichen

Leben erreichen konnten. Gott sieht nur auf den Willen. Kierkegaard sagte, Herzensreinheit sei eine Sache des Willens, und sicher wollen Christen dies eine. Jeder Christ ist ein Modell des Guten und Wahren; er ist es in seinem Wollen.

Seine Ideale sind hoch. Immer strebt er danach, den Gipfel zu erreichen. Vom Bildhauer Phidias wird erzählt, daß er mit sehr großer Sorgfalt am Rücken der Göttin Diana arbeitete, die in einer Nische stehen sollte. Er wurde gefragt: „Aber wer wird da nach hinten schauen?" Er antwortete: „Die Götter." Wir bemühen uns, alles recht zu machen, damit es „wie für Gott" ist. Wir wissen auch, daß wir einen Gott haben, der unsere Schwachheit kennt. Der Beginn der Gottesfurcht in uns macht uns Gott wohlgefällig.

Wir haben Zeit, unsere Ideale zu erreichen. Christen sind niemals in Eile. In Mtth. 27,52 steht geschrieben: „Als Jesus starb, taten sich die Gräber auf und viele Leiber der Heiligen, welche schliefen, standen auf." Aber sogar unter solchen Umständen hatten sie keine Eile. Sie kamen erst nach Seiner Auferstehung, also am dritten Tag, aus ihren Gräbern heraus. Man erkennt sie, die ewig sind, daran, daß sie Zeit haben.

* *
*

Ein Rabbiner fragte einen Juden: „Was würdest du tun, wenn du auf der Straße eine Brieftasche mit viel Geld fändest und die Karte des Eigentümers wäre dabei?" Der Jude antwortete: „Um die Wahrheit zu sagen, Rabbi, ich habe viele Kinder und bin arm. Ich würde es als ein Geschenk Gottes ansehen." Der Rabbiner sagte zu ihm: „Du bist ein Dieb." Dann stellte er dieselbe Frage einem anderen Juden. Dessen Antwort lautete: „Ich würde sofort das Geld zurückgeben." Der Rabbiner sagte zu ihm: „Du bist ein Idiot." Er fragte einen dritten Juden; der sagte: „Ich weiß, was meine Pflicht wäre. Ich kenne meine Schwachheit. Ich könnte nicht sagen, was ich unter solchen Umständen tun würde. Alles hängt von der Gnade Gottes ab." Der Rabbiner lobte ihn: „Dies ist die rechte Antwort."

Wir kennen unsere Christenpflicht, vollkommen zu sein. Wir kennen unser Unvermögen, so zu sein. Wir sind in jedem Augenblick unseres Lebens das, was Gnade aus uns macht.

* *
*

Swetlana Allilujewa, die Tochter Stalins, schreibt, daß jeder in der Sowjetunion von klein auf lernen muß, zu lügen, um überleben zu können. Sonst würde man von der Tyrannei zermalmt.

Glücklicherweise ist es in der freien Welt nicht so. Anderseits würde das Leben nirgendwo möglich sein, wenn man jedem die nackte Wahrheit sagte. Auch sollte man nicht umhergehen und alle Einrichtungen abschaffen, die man für fehlerhaft hält. Eher muß man mit Paulus den Juden ein Jude und den Griechen ein Grieche sein, um etwas für den Herrn Jesus zu erreichen und Menschen zu Ihm zu bringen.

Überlassen Sie die Absoluten denen, die von Gott besonders ausgerüstet sind, sich mit ihnen abzugeben.

* *
*

Das Absolute kann in Kriegszeiten nicht überall und nicht von allen angewendet werden. Die Kirche ist im Krieg. Im Krieg dürfen Sie im Hinblick auf die Mittel, die Sie anwenden, nicht idealistisch, sondern tatkräftig sein.

Es wird berichtet, daß Sir Stafford Cripps, als er eine Radiosendung der britischen Abteilung für psychologische Kriegsführung hörte, bemerkt haben soll: „Wenn wir zu dieser Art von Dingen Zuflucht nehmen müssen, um den Krieg zu gewinnen, wäre es besser, wir würden ihn verlieren." Mögen Menschen, die so denken, nicht in den Krieg treten! Wer einen schmutzigen Platz reinigen will, muß darauf gefaßt sein, selbst schmutzig zu werden.

Glücklicherweise hatte Großbritannien nicht nur einen Sir Stafford Cripps, sondern auch einen Churchill und viele andere, die wie Churchill dachten.

Während General Montgomery in London dem D-Tag-Plan den letzten Schliff gab, wurde ein Doppelgänger von Gibraltar nach Algier gesandt, um die deutschen Spione irrezuführen. Hitler war geblufft: „Monty ist nicht einmal in London, also steht eine Invasion in Frankreich nicht bevor."

Es braucht Schlangenklugkeit, um einen Krieg zu gewinnen. Man braucht auch Klugheit, um den christlichen Krieg zu gewinnen.

* *
*

Von niemandem wird verlangt, ein christliches Leben ohne Kompromisse zu führen.

Aber ein Christ ist sich wohlbewußt, daß solche Kompromisse, obgleich sie sich manchmal im Leben und im Kampf als nötig erweisen, auch sehr gefährlich sind. Jede Lüge wird den Glauben eines andern an die Wahrhaftigkeit der Menschen erschüttern. Ebenso ist es unvermeidlich, daß jede Lüge der Gesellschaft schadet.

Ein Mann bat einen Wüstenwanderer, hinter ihm auf dem Rücken seines Kamels zu reiten. Kaum aufgesessen, stieß der Mann den Besitzer des Kamels in den Sand und floh. Der Besitzer rief ihm nach: „Es ist für mich nicht schrecklich, daß du mein Kamel genommen hast. Aber du hast den Glauben von Mensch zu Mensch zerstört. In Zukunft wird ein Kamelhalter einem einsamen Wanderer nicht mehr helfen. Niemand wird mehr auf dem Rücken eines Kamels reiten dürfen."

Ein Christ setzt sich mit solchen Tatsachen auseinander. Er sagt nie eine Unwahrheit aus freiem Willen, sondern nur, wenn die Notwendigkeit eines heiligen Kampfes diese Bürde auf ihn legt. Nonnen verbargen Jüdinnen, die von Nazis zum Verbrennen gesucht wurden, und logen, als man sie fragte, daß sie nicht wüßten, wo sie seien.

* *
*

Die Frage des Kompromisses im christlichen Leben bezieht sich nicht nur auf die Wahrheitsfrage, sondern auf eine ganze Reihe von Problemen. Wir wollen nicht vergessen, daß Jesu Jünger bewaffnet waren. Petrus trug ein Schwert. Dafür machte ihm Jesus keinen Vorwurf, sondern nur dafür, daß er es am falschen Ort gebrauchte, obgleich Er sicher um die Gefahr des Bewaffnetseins wußte. Homer sagt: „Das Schwert an sich veranlaßt einen oft, zu kämpfen."

So werden wir Kompromisse in verschiedenen Lebenslagen schließen. Doch wenn wir nicht unbedingt andere Werte als absolut anerkennen, so anerkennen wir auch nicht die absolute Notwendigkeit des Kompromisses. Die Hauptsache ist, daß wir treu zu unseren Grundsätzen stehen.

Wenn jeder schlechte Mensch imstande ist, seine guten Triebe zu meistern, sollten wir dann nicht auch imstande sein, unsere bösen Leidenschaften zu bändigen?

* *
*

Man wird nicht zuviel von Ihnen verlangen. Es wäre nett gewesen, wenn die Hirten, die zum Jesuskind gingen, ein wenig Butter, Käse und Milch für die hungrige Familie mitgebracht hätten. Man wird Sie aufmerksam machen, solche kleinen nützlichen Dinge zu tun. Jeder Brief, den Sie schreiben, kann ein Botschafter der Liebe werden.

* *
*

Eine biblische Regel zur Moral ist in Prediger 7,16 zu finden: „Sei nicht allzu gerecht."

Übertriebene Ehrlichkeit kann übertriebene Dummheit sein. Ich kenne einen Christen, der auf seinem Geschäftstisch zwei Bleistifte hatte: einen eigenen und einen, der der Firma gehörte. Alle persönlichen Notizen machte er mit seinem eigenen Stift und die der Firma mit deren Stift. Er stahl der Firma die Zeit, in der er jeweils die Stifte zu wählen hatte.

Der Mann, der nicht anders handeln oder sprechen will als nur der vollen Wahrheit entsprechend, stolpert immer über sich selbst und kommt nicht voran. Und letzten Endes ist er nicht wahrhaftig, weil er nicht realistisch ist.

Das Christentum wird Sie für das tägliche Leben weise machen. Sie werden lernen, dem Teufel eine Möglichkeit zur Flucht zu bieten. Wenn Sie ihm die Möglichkeit zum Rückzug abschneiden, zwingen Sie ihn zum Widerstand.

* *
*

Ein Lehrer fragte einmal seine Klasse: „Was ist Religion?" Ein Kind gab zur Antwort: „Es ist eine Sammlung von Dingen, die verboten sind." – Fliehen Sie vor einer solchen Religion, wie Sie vor einer Klapperschlange fliehen würden!

Leben ist ohne eine gewisse Anpassung nicht möglich. Wir müssen manchmal Dinge tun, die normalerweise verboten sind. Blaise Pascal schrieb: „Wer sich als Engel aufspielt, wird ein Teufel." Bleiben Sie auch als Christ ein Mensch! Seien Sie ein Heiliger, aber um der anderen willen – ein menschlicher Heiliger.

Christen sind zu Königen gemacht worden. Jeder König, der nach starren Prinzipien regierte, hat sein Land ruiniert.

Gott hat den Christen große Verheißungen gegeben. Manche gehen so weit und sagen, daß wir weder im Feuer verbrennen noch im Wasser ertrinken werden. Diese Versprechen erfüllen sich täglich, weil Gott uns die Weisheit gibt, Feuer und tiefes Wasser zu meiden.

* *
*

Wir müssen bittere Arznei mit Zucker überziehen, damit sie für Kinder schmackhaft wird. In gewisser Weise sind wir von Kindern umgeben, wenn auch nicht von tatsächlichen. Als Graf Zinzendorf in die Vereinigten Staaten kam, stellte er fest, daß die Menschen eine enorme Hochachtung vor der Geistlichkeit haben; sie würden sich nur von einem ordinierten Mann unterrichten lassen. So führte er sich mit dem Titel „Pastor" ein, den ihm niemand verliehen hatte. (Auch Paulus hatte den Titel „Apostel" von keinem Menschen erhalten. Er hatte ihn von Gott.) Beethoven wäre niemals von der höheren Gesellschaft akzeptiert worden, weil er nicht von Adel war. So setzte er vor seinen Namen des Wörtchen „van". „Van Beethoven" klang wie der Titel eines holländischen Edelmannes. So hatte er Erfolg. Vielleicht hätten uns seine Symphonien ohne diesen Trick nie erreicht.

Als König Pedro von Brasilien das erste öffentliche Krankenhaus in seinem Land bauen lassen wollte, bat er vergeblich um die nötigen Geldmittel. Daraufhin gab er bekannt, daß jeder, der eine Million Pesos gäbe, den Herzogstitel erhielte; wer die Hälfte gäbe, den Titel eines Grafen, und wer 100 000 gäbe, würde ein Baron sein. In kürzester Zeit hatte er alles Geld, das er brauchte, beisammen. Das Krankenhaus wurde gebaut. Alle Personen von Rang und Namen waren versammelt, als die Gedenkplatte enthüllt wurde. Sie trug die Inschrift: „Dieses Hospital ist menschlichem Leiden gewidmet von menschlicher Dummheit und Arroganz."

Sollten Sie etwas für Christus erreichen wollen, so zahlen Sie Ihren Tribut dem kindischen Gegenüber mit einem verstehenden Schmunzeln. Sie sind durch Jesus ein Gotteskind. Andere sind es nicht. Sie verkehren mit anderen nicht auf derselben Grundlage der Reife.

Sie sind ein Gotteskind. Beachten Sie, ohne deshalb hochmütig zu sein, daß Sie es mit Menschen zu tun haben, zu denen Sie „hinuntersprechen".

* *
*

Behalten Sie immer im Auge, daß auch Sie ein sündiger Mensch sind. Petrus warf autoritativ den Juden vor: „Ihr aber verleugnet den Heiligen", dabei hatte auch er Ihn verleugnet. Das ist das Paradoxe im christlichen Leben: wir tadeln andere für Sünden, die wir selbst begehen.

Seien Sie nicht erstaunt über die Sünde eines andern, auch nicht über große Sünden derer, die Sie als Sterne am geistlichen Himmel bewundern.

Luther und Calvin waren weit davon entfernt, Beispiele christlicher Liebe zu sein. Sie hatten Flecken in ihrem Charakter, die so groß waren, wie die der Päpste und Bischöfe, gegen die sie kämpften. Im Leben Wesleys und Livingstones gab es düstere Seiten, die von ihren Gegnern beißend gebrandmarkt wurden. Für die britische Baptistenunion war es nicht leicht, mit ihrem größten Prediger, Charles Spurgeon, fertig zu werden.

Wenn Sie diese Tatsachen des Lebens nicht anerkennen, werden Sie sich in einem nutzlosen Konflikt mit den unwandelbaren Gesetzen der Existenz aufreiben.

Mühen Sie sich nicht ab, die unveränderlichen Neigungen Ihrer eigenen Natur zu bessern. Liefern Sie sich Jesus aus. Ordnen Sie nicht selbst Ihr Leben. Möge Jesus es ordnen. Glauben Sie einfach, daß Er die Kontrolle übernommen hat, und lassen Sie Ihre Gefühle walten. Jesus wird in Ihnen soviel Sünde zulassen, als nötig ist, Sie in der Demut zu behalten. Er wird Ihnen soviel Gerechtigkeit geben, als nötig ist, damit Sie vor den Menschen leuchten.

Der gewöhnliche Mensch muß wählen, was er tun und lassen soll. Von Abraham heißt es in der Bibel, daß Gott mit ihm war in *allem*, was er tat (1. Mose 21,22). Dies ist Ihr Privileg, wenn Sie durch den Glauben ein Kind Abrahams sind. Manche haben zu wählen, wohin sie gehen sollen und wohin nicht. Josua vernimmt die Worte: „Der Herr, dein Gott, ist mit dir, wohin du auch gehst."

* *
*

Ich habe oben die Ungereimtheiten großer Prediger erwähnt.

Bald werde ich sterben. Wahrscheinlich wird man mich ganz vergessen. Wenn nicht, so könnte es sein, daß ein zukünftiger Autor in einem Buch meine Sünden als ein Beispiel anführt, um anderen, die sich verfehlt haben, Mut zu machen, wenn er aufzeigt, daß sogar ein gewisser Richard W., der durch soviel Leiden ging und in vielen Ländern predigte, große Flecken in seinem Charakter hatte.

Ich bin von Gegnern des Evangeliums, aber auch von einigen christlichen Führern sehr großer Sünden und ernstlicher dogmatischer Irrtümer beschuldigt worden. Mirjam und Aaron, Schwester und Bruder des Mose, redeten gegen ihn. Aaron war der von Gott ordinierte Hohepriester. Ihre Beschuldigungen konnten nicht auf die leichte Schulter genommen werden. Sie kannten Mose gut. Auch ich erlebte es, daß Menschen, die mir nahestehen, mit dem Finger auf mich zeigten.

Zukünftige Biographen könnten herausfinden, daß die eine oder andere Beschuldigung den Tatsachen entspricht, oder sie finden vielleicht, daß meine Sünden auf einem ganz anderen Gebiet liegen. Zu einigen wirklich bösen Begebenheiten in meinem Leben werden weitere von meinen Gegnern hinzugefügt werden. Mit etwas Scharfsinn kann man jeden Kriminellen als Heiligen erscheinen lassen und umgekehrt. Auch in dem besten Leben gibt es viel, das man, wenn man will, übel auslegen kann. Und ein Rest von Bösem bleibt im Leben eines jeden immer übrig.

Sollten Sie Schlechtes über mich lesen und sich davon überzeugen lassen, so wundern Sie sich nicht. Nehmen Sie auch in Wurmbrands Leben Sünde als eine Tatsache an und loben Sie Gott, der auch mit solch einem Sünder Erbarmen hatte. Denken Sie daran, daß das schönste Buch der Bibel ein Lied ist, das vom traurigsten Charakter der Bibel, von König Salomo, geschrieben wurde. Manche bezweifeln sogar seine Erlösung.

* *
*

Große Prediger haben gefehlt. Wurmbrand, ein Mann von weit geringerer Bedeutung, hat auch gefehlt. Bevor Jesus uns verließ, übergab er Seine Sache einem gewissen Petrus, der gefehlt hatte.

Erzbischof Cranmer versagte, denn er schloß jahrelang mit einem Tyrannen Kompromisse. Nach seiner Verhaftung hat er zunächst widerrufen. Er ging durch Schwankungen, bevor er sich schließlich für die Wahrheit entschied und sich damit dem Scheiterhaufen auslieferte.

Die Jungfrau von Orléans widerrief zuerst.

Bismarck bekannte am Ende seines Lebens, daß er gefehlt und daß alles, was er getan habe, keinem Menschen Freude gebracht hätte.

Wir alle leben nur von Gnade und werden nur durch Gnade errettet werden.

Sie werden nie zur Ruhe kommen, ehe Sie nicht das erste Postulat der Dialektik annehmen, daß es nichts gibt, was nicht Widersprüche enthält. Es existiert keine Mathematik ohne Plus und Minus, kein Ereignis ohne Aktion und Reaktion, keine Elektrizität ohne einen positiven und einen negativen Pol, kein Krieg ohne Angriff und Abwehr, kein Heiliger ohne Sünden und kein Sünder ohne Tugenden.

Nehmen Sie sich an mitsamt Ihren Widersprüchen. Luther sagt von jedem Christen, daß er „simul justus et peccator, comprehensor et viator" sei: zugleich gerecht und sündig, ein Mensch, der sein Ziel erreicht hat und der sich danach ausstreckt.

Widerspruch ist universal und absolut.

* *
*

Hören Sie niemals auf, furchtlos zu kämpfen! Denken Sie nur, wie vielen Plagen ein Pharao widerstand! Und Sie, ein Kind Gottes, fürchten, daß Sie den Versuchungen nicht widerstehen werden?

Sicher werden Sie das Böse besiegen, aber manchmal geht es langsam.

Franz von Assisi wußte, daß in der Umgebung seines Klosters Räuber waren, welche die Leute überfielen, die zum Gottesdienst kamen. Die anderen Mönche wollten die Polizei rufen, damit die Bösewichter verhaftet würden. Der heilige Franz aber riet davon ab. Er schlug vor, mit etwas Essen und Wein zu ihnen hinauszugehen und ihnen das Versprechen abzunehmen, nicht zu töten, sondern nur zu stehlen. Nach einiger Zeit erreichte er von ihnen, daß sie an Sonn- und Feiertagen nicht stahlen. Und nach und nach gelang ihm so ihre Bekehrung.

Auch Sie werden mit der Zeit in der Gerechtigkeit Fortschritte machen. Freuen Sie sich über die, denen es gelingt, mit schlechten Angewohnheiten auf einmal fertig zu werden. Wenn Sie es nicht können und merken, daß Sie wieder in die alte Gewohnheit zurückfallen – verzweifeln Sie nicht!

Solange Sie leben, sollten Sie daran denken, daß Sie mehr davon abhängen, wie Christus Ihre Verkehrtheiten in Ordnung bringt, als davon, wie Sie sie vermeiden können. Wir alle sind Menschen, und es scheint, daß wir nur von den Fehlern lernen, die wir begehen.

* * *

Achten Sie darauf, daß Sie nicht hochmütig werden! Es ist leicht, stolz zu sein, wenn man mit Jesus gekrönt ist. Augustinus schreibt: „Jedes andere Böse hängt damit zusammen, daß man Böses tut. Aber es ist ein seltsames Merkmal des Stolzes, daß er sogar die guten Taten verdirbt."

Gott wird sich unendliche Mühe geben, Ihre Seele demütig zu halten. Danken Sie Ihm dafür!

Nachdem der Christ den Stolz abgelegt hat, ist er anderen gegenüber nicht mehr kritisch. Shakespeare schrieb: „Ich will keinen Bruder auf der Welt schelten als mich, den ich als mit den meisten Fehlern behaftet kenne."

Versuchen Sie gut zu sein, aber vermeiden Sie das herkömmliche Gutsein, das negativ, nörgelnd, eng und, alles in allem, verachtenswert ist.

* * *

Manchmal ist ein Christ verpflichtet, anderen Menschen zu widerstehen. Aber er sollte ihre Fehler abwägen, ohne seinen Finger auf die Waagschale zu legen.

Manchmal muß ein Christ sogar an bewaffnetem Streit

teilnehmen, zum Beispiel, wenn sein Vaterland ihn ruft. Aber er tut es nicht in einem stolzen Geist. Die Scharfrichter des Mittelalters richteten niemand hin, ohne ihn nicht zuerst um Verzeihung gebeten zu haben. Sie wußten sich als Mitsünder, die andere Sünder zu strafen hatten. Der Mörder von Mahatma Gandhi verneigte sich zuerst vor ihm und erwies ihm seine Ehrerbietung. Nur in diesem Geist ist es einem Christen erlaubt, zu kritisieren und zu kämpfen.

Er wirft sein Netz immer auf der richtigen Seite aus, die in der Bibel immer als die Seite der Milde symbolisiert ist. Mit Sanftmut werden Sie mehr Fische fangen als mit Strenge.

* *
*

Ein Christ hat die Demut als sein Boot und die Beweglichkeit als sein Gefährt. Um Shakespeares Worte aus „Wie es euch gefällt" zu verwenden: ein Christ „übersetzt den Eigensinn des Glücks in einen stillen und lieblichen Stil". Für ihn hat das, was die Welt „berechtigte Entrüstung " nennt, den Schein satanischer Weisheit.

Wogegen sind Sie mit Recht entrüstet? Gegen die Sünden der Menschen? Sünden welcher Schwere und welcher Anzahl? Sind ihrer mehr und sind sie schlimmer als die Ihren? Es existiert ein Gott, der sich für Sie ewige Strafe vorbehalten muß, falls Sie nicht vergeben. Was würden Sie wählen, wenn Sie sich in diesem Augenblick für Vergebung oder „Höllenfahrt" entscheiden müßten? Mit diesem vor Augen – entscheiden Sie sich! Sie werden sich für die Sanftmut entscheiden.

* *
*

Ich möchte Ihnen drei Gedanken unterbreiten, die Ihnen helfen könnten, demütig zu bleiben.

Als erstes – den Gedanken, wie unwichtig die Menschheit ist.

Ein Professor von der Moskauer Universität sagte zu einem christlichen Kollegen aus dem Westen: „Ich finde es schwer, Ihren Glauben anzuerkennen, was Gottes Interesse für die menschlichen Wesen betrifft. Warum müssen wir so lange warten, wenn Gott wirklich so sehr um das Individuum besorgt ist? Warum waren da diese Tausende und Millionen von Jahren, bevor das menschliche Leben begann? Warum schuf Gott den Menschen erst am sechsten Tag? Es scheint, daß Er nicht in Eile war!"

Die Antwort darauf ist einfach. Bevor Menschen da waren, liebte Gott die Sonne, die Pflanzen und die Tiere. Gott pflanzte nicht die Korkeichen, um Korken für unsere Weinflaschen zu erhalten, sondern weil Er sie liebt. Er sah alles an, was Er gemacht hatte, und es war gut. Gott wandelte durch den Garten Eden, den Er gepflanzt hatte, bevor ein Adam und eine Eva da waren. Er konnte sich am Duft der Lilien und an der Schönheit der Rosen erfreuen.

Als zweites – den Gedanken, wie unwichtig Sie sind.

Ehe ich ins Gefängnis kam, hielt ich mich für eine bedeutende Person. Ich war Pastor einer wachsenden Kirche und Autor mehrerer Bücher. Ich arbeitete für den Weltkirchenrat, ich war an wohltätigen Werken beteiligt usw. Ich konnte mir nicht vorstellen, wie die ganze kirchliche Arbeit in Rumänien ohne mich weitergehen sollte. Als ich nach vierzehnjähriger Haft herauskam, sah ich, daß die Kirche sich sehr gut ohne mich entwickelt hatte und daß andere bessere Bücher geschrieben hatten als ich. Ich war nicht so notwendig gewesen, wie ich geglaubt hatte.

Das könnte sich auch in Ihrem Fall bewahrheiten.

Als drittes – den Gedanken, wie wichtig Ihr Bruder ist.

Klemens von Alexandrien schrieb: „Wer seinen Bruder sieht, sieht Gott." Diese Auffassung stellt Sie sofort sehr tief unter jeden Mitchristen, vielleicht auch unter den, dessen Meinung Sie nicht teilen. Sehen Sie die Gottheit in ihm und beugen Sie sich in Ehrfurcht, auch wenn er der schwächste Christ sein sollte. Er ist der Herr, wir sind die Diener. Manche Theologen meinen, Luzifers Fall sei dadurch zustande gekommen, daß er sich weigerte, für die Menschen ein dienender Engel zu sein. Hochmütig habe er geantwortet: „Non serviam." („Ich diene nicht.")

* *
*

Der Christ spricht wenig. Die Natur hat uns eine Zunge und zwei Ohren gegeben. Wir wollen als Christen auf unsere unnützen Worte verzichten und unsere Zunge gebrauchen, um den Schöpfer unserer zwei Ohren zu preisen.

* *
*

Ich weiß, daß vieles von dem, was ich oben geschrieben habe, nur aus gesundem Menschenverstand kommt. Aber gesunder Menschenverstand ist nicht gewöhnlich. Und jedes Gramm Religion verlangt zehn Pfund gesunden Menschenverstand, um es in die Tat umzusetzen.

* *
*

Doch seien Sie nicht so bescheiden, daß Sie Ihr Ziel aufgeben. Wir sehen im Gleichnis von den Pfunden (Luk. 19), daß der Herr Jesus das Erreichen Seiner Absicht nicht von der Zustimmung der Menschen abhängig macht. Er vergleicht sich mit einem Adligen, der sein Königreich vom Herrscher eines fernen Landes erhält, und nicht durch die Abstimmung seiner Mitbürger. Diese haßten ihn. Manche seiner Knechte waren faul. Er bringt die um, die seine Herrschaft ablehnen. Er muß regieren, weil er das absolute Gute ist. Wie weit Sie sich mit Ihm identifizieren, werden Sie standhaft sein, damit Ihr Glaube siegt, koste es, was es wolle (Gal. 1,8–9).

* *
*

Christus sollte Ihr Leben sein. Jesus konnte nirgendwo Sein Haupt hinlegen. Sie haben vielleicht ein Haus, aber wohl nur als Notwendigkeit, nicht als Zeichen, daß Sie Besitz mögen.

Vögel aus Alaska, die im Zoo von San Diego gefangengehalten werden, schauen in ihren Käfigen immer nach Norden. So schauen wir himmelwärts zu unserem wahren Heim.

* *
*

Ein Christ hat ein großes Prinzip, das ihn leitet: es ist die Liebe. Wir sollten unseren Nächsten lieben, auch wenn er uns Zeit stiehlt, wenn er borgt und es nicht zurückgibt, wenn er hinter unserem Rücken schlecht über uns spricht.

So liebt ein Christ, ohne nach Gegenliebe zu fragen. George Bernard Shaw unterscheidet zwischen Christentum und „Kreuzestum", womit er einen sadistischen Moralismus meint, den wir anderen aufzwängen. Die ganze christliche Ethik ist eine Sammlung von Regeln, die aber nur für uns sind. Plinius der Jüngere schrieb von den ersten Christen: „Wie haben sie sich so lieb!"

* *
*

Wo immer es möglich ist, ziehen Sie einen Wettbewerb im Lieben einem haßerfüllten Zank vor. Verbringen Sie nicht die wenigen Tage Ihres Erdenlebens wie ein Detektiv, indem Sie sich in die Angelegenheiten anderer einmischen, es sei denn, ein allgemeines Wohl hinge damit zusammen. Lassen Sie nicht zu, daß Ihre Aufmerksamkeit von Christus abgelenkt wird.

Akzeptieren Sie als selbstverständlich, daß manche Menschen mit Ihnen nicht sympathisieren. Das ist normal. Daß Sie sich nicht nach deren Willen richten, kann ein Grund der Freude für Sie sein. Vermeiden Sie soviel wie möglich persönliche Feindschaft. „Macht euch Freunde", sagt Jesus (Luk. 16,9). Brechen Sie niemals eine Freundschaft, auch nicht aus ernstem Grund. Kein Motiv zum Bruch ist von größerer Wichtigkeit als eine Freundschaft.

* *
*

Als die Königin von Saba König Salomo aufsuchte, sagte sie zu ihm: „Deine Weisheit ist weltbekannt. Gestatte mir, zu sehen, wie du das Volk richtest." So wurden am anderen Tag zwei Thronsessel im Palasthof aufgestellt, und die sich streitenden Parteien vorgeladen.

Die ersten zwei waren Juden; jeder mit einer Hand im Bart des andern, riefen sie sich die übelsten Beleidigungen zu. Nachdem die Gerichtsdiener sie getrennt hatten, fragte der König, worüber all der Streit sei.

Einer sagte: „O König, ich habe diesem Schuft zwei Morgen Land verkauft und er hat mir dafür das Geld gegeben. Damit war die Sache erledigt. Aber am nächsten Tag grub er tief in der neuerworbenen Erde und fand einen enormen Schatz an Gold und Juwelen. Sicher gehörte er ihm, denn ich hatte ihm das Land mit allem, was es enthält, verkauft. Es war mein Fehler, daß ich den Schatz nicht vor dem Verkauf gefunden habe. Aber stellt Euch vor: Dieser Gauner kommt zu mir und sagt: „Lieber Bruder, du warst falsch beraten, mir das Land für nichts und wieder nichts zu verkaufen. Gib mir das Geld zurück, das ich dir gab. Der Schatz gehört dir, und nimm auch das Land zurück." Er wäre imstande, den Kauf rückgängig zu machen und mich nachher von Gott für die Ungerechtigkeit strafen zu lassen, weil ich weder einen Besitztitel fürs Land noch einen für den Schatz habe. Es ist ein endgültiger Verkauf gewesen." Und der Mann schrie dem anderen Juden zu: „Du Betrüger! Der Schatz gehört dir."

Der König befahl der anderen Person auszusagen. Dieser bat: „Herr, sei meiner Seele gnädig. Ich habe nur ein Stück Land gekauft und nichts weiter. Ich habe keinen Schatz gekauft. Ich kann nicht einen Millionenschatz behalten für ein paar Silberlinge, die der Preis für das Land waren. Das würde nicht anständig sein, und ich möchte Gott als ehrlicher Mann in die Augen sehen können. Sag diesem Mann, daß der Schatz ihm gehört, nur ihm."

Die Königin von Saba traute ihren Ohren nicht.

Der König fragte den ersten Juden: „Hast du Kinder?" Er antwortete: „Eine achtzehnjährige Tochter." Er fragte den andern: „Und du?" – „Ich habe einen Jungen von zwanzig Jahren." Der König fällte sein Urteil: „Der Junge wird das Mädchen heiraten und der Schatz wird ihrer beider Mitgift sein." Die beiden Beteiligten umarmten sich und die Gerichtssache war beendet."

Die Königin sagte: „Ich habe nie solch einen Disput gesehen, in welchem jede Partei sagt, daß die andere recht hat. Wie kommt es, daß so etwas bei dir geschieht?" Der König antwortete: „Aber weißt du denn nicht, daß wir ein von Gott auserwähltes Volk sind? Wir sind eine heilige Nation, was bedeutet, daß wir große Streitigkeiten haben, aber alles, weil jeder den anderen höher achtet als sich selbst und jeder Jude haben will, daß sein Nächster in allen Streitigkeiten recht hat. Ist das nicht so bei euch? Wie wäre solch ein Fall in eurem Land ausgegangen?"

Die Königin antwortete: „Jeder hätte geschrien: ‚Der

Schatz gehört mir!'" Salomo fragte: „Und wie hättest du den Streit beigelegt?" Prompt war die Antwort der Königin: „Ich hätte beide geköpft und den Schatz für mich genommen." Der König fragte weiter: „Gibt es in deinem Land Hunde und Katzen?" Die Königin sagte: „Natürlich! Warum fragst du?" Salomo beendete die Diskussion mit folgenden Worten: „Es ist nur um dieser Schoßtiere willen, daß die Sonne noch in deinem Reich scheint. Gott hat seine Sonne nicht für Menschen gedacht, die schreien, daß sie im Recht sind."

* *
*

Wir verdanken dem heiligen Antonius dem Großen den Ausspruch: „Gutes zu tun, ist der einzige Weg, um Gott zu erkennen."

Die volkstümliche Legende sagt, daß drei Männer zur Anbetung Jesu kamen: Melchior, Balthasar und Kaspar. Aber es gibt auch eine Geschichte, die von vier Männern spricht. Der Name des vierten war Artaban. Nachdem er den Stern gesehen hatte, der die Geburt des Erlösers anzeigte, verkaufte er alles und kaufte drei sehr wertvolle Edelsteine: einen Rubin, einen Saphir und einen Smaragd, um sie als Gaben zu bringen.

Doch als er zum Treffpunkt eilte, damit sie zu viert nach Palästina reisten, sah er auf der Hauptstraße einen ausgeplünderten und halbtoten Mann liegen. Er brachte ihn in eine Herberge und gab dem Wirt den Saphir, um die Unkosten zu decken. Der Gerettete war ein Jude, der die heiligen Schriften kannte. Als er vom Zweck seiner Reise vernahm, segnete er ihn und sagte ihm, daß der Messias, den zu grüßen er sich aufgemacht hatte, in Bethlehem geboren werden würde.

Artaban kam zu spät an den Treffpunkt. Die anderen weisen Männer waren schon fort. So reiste er allein und kam nach Bethlehem. Hier wurde ihm erzählt, daß tatsächlich vor nicht langer Zeit ein geheimnisvolles Kindlein geboren worden sei, dem Engel zur Geburt gesungen hätten, daß aber seine Eltern mit ihm an einen unbekannten Ort geflohen seien.

Artaban ruhte sich bei einer armen Witwe, die nur ein Kind hatte, von seiner Reise aus. Gegen Mitternacht stürmte plötzlich eine Nachbarin ins Haus und rief weinend, daß die Soldaten des Herodes ihren Sohn getötet hätten und alle Kinder im Städtchen niedermetzelten. Artaban wies die Witwe an, sich still zu verhalten, ging aus dem Haus und verschloß hinter sich die Tür. Als er einen Offizier mit gezogenem Schwert kommen sah, trat er ihm mit dem Rubin entgegen und sagte: „Du kannst dies haben, wenn du das Haus unberührt läßt. Ich wohne drin und ich habe kein Kind." Der Offizier nahm, habgierig wie er war, den Edelstein und ging weg.

Der weise Mann tröstete sich damit, daß er immerhin noch einen Stein für den neugeborenen König der Juden hätte.

Mehr als dreißig Jahre vergingen und Artaban konnte den Einen, den er suchte, nicht finden. Endlich vernahm er, daß Er in Palästina lebe und ein Prophet und Wohltäter der Menschen sei. Nachdem Artaban Ihn überall gesucht hatte, trieb ihn sein Eifer nach Jerusalem. Zu seinem Schrecken erfuhr er, daß der in Bethlehem Geborene gerade nach Golgatha geführt werde, um gekreuzigt zu werden, weil Er sich Sohn Gottes genannt habe.

Artaban eilte nach Golgatha, wohlwissend, daß Er der Sohn Gottes sei, hatte er doch Seinen Stern gesehen. Der alternde Weise hoffte, Ihn mit seinem letzten Edelstein loszukaufen.

Aber auf seinem Weg dorthin kam er durch einen Sklavenmarkt. Ein junges Mädchen flehte die Vorübereilenden an: „Befreit mich! Ich glaube an Jesus. Meine Religion lehrt Reinheit, und ich werde für ein Leben der Schande und Sünde verkauft." Artaban seufzte und sagte:

„Vergib mir, Sohn Gottes, aber ich muß sogar das letzte Juwel weggeben, das ich für dich aufbewahrt habe." Er kaufte das Mädchen los.

Plötzlich bedeckte Dunkelheit die Erde. Es gab ein starkes Erdbeben. Das Haus, in dem Artaban Zuflucht suchte, stürzte ein und begrub ihn unter den Trümmern. Sterbend bat er den Sohn Gottes, ihm zu verzeihen, daß er alles an Menschen weggegeben und für Ihn nichts übrig hatte. Im letzten Augenblick hörte er eine Stimme sagen: „Was ihr getan habt diesen meinen kleinsten Brüdern und Schwestern, das habt ihr mir getan. Kommt und erobert das Reich, das der Vater euch bereitet hat von Anbeginn der Welt." Und so verstarb Artaban.

* *
*

Eines ist sicher: Lenin liebte die Menschheit. Er liebte sie so sehr, daß er imstande gewesen wäre, zum Wohl der Menschheit alle zu töten, weil „Menschheit" für ihn ein Abstraktum war.

Jesus lehrt die persönliche Liebe eines jeden zu seinem Nächsten.

Als Missionare das Neue Testament in die Mireba-Sprache auf Neuguinea übersetzen wollten, fanden sie kein Wort für Liebe. Sie gebrauchten sie das Wort: „Nanumangund", was bedeutet: „Ich gebe dir meine Innenteile." Möge unsere Liebe von solcher Art sein.

Und laßt uns immer daran denken, daß die Seele der Liebe die Liebe zu den Seelen ist.

* *
*

Liebe ist der besondere Charakterzug aller Christen. Besonders brennende Liebe erwartet man vom Pfarrer.

Es wird erzählt, daß der heilige Chrysostomus einst

ein entlegenes Gebiet seiner Diözese aufsuchte, das an Priestermangel litt. Er unterrichtete dort einen Bauern so gut es möglich war und ordinierte ihn. Aber als er zu seinem bischöflichen Stuhl nach Konstantinopel zurückgekehrt war, hatte er keine Ruhe. „War es nicht ein Fehler, einen so wenig auf das Priestertum vobereiteten Mann zu ordinieren?" Er reiste an den Ort zurück und beabsichtigte, erst einige Minuten nach Beginn des Gottesdienstes die Kirche zu betreten. Er verbarg sich hinter einer Säule, um zu sehen, wie dieser Bauernpriester seine Pflicht erfüllte. Bald traten Tränen in seine Augen. Nie zuvor hatte er einen Priester mit einer solchen Hingabe und Inbrunst beten hören. Und was für eine Innigkeit legte er in seine kurze Ansprache. Und wie packte er damit die Herzen aller Anwesenden und hob sie himmelwärts. Als die Liturgie zu Ende war, trat Chrysostomus in die Nähe des Altars, fiel vor dem Priester auf die Knie und bat um seinen Segen. Der Priester war ergriffen, den Bischof zu sehen, und sagte: „Es kommt Ihnen zu, mich zu segnen." Der Bischof bestand darauf: „Du sollst mich segnen, denn ich habe noch niemals einen Priester gesehen, der mit soviel Feuer und Herzensliebe Gott dient." Der unkundige Priester wunderte sich und fragte: „Aber, Bruder Bischof, ist es möglich, Gott anders zu dienen?"

* *
*

Gott erwartet nichts Besseres, als vom liebevollen Blick in Ihren Augen bezwungen zu werden. Aber Menschen werden sich über Ihre Kraft ärgern. Geisterfüllte Christen sind verhaßt. Hohe Bäume spenden mehr Schatten, leiden aber bei stärkerem Wind. Die auf Sie gerichteten Pfeile des Hasses werden Sie jedoch niemals treffen, weil Sie den Schild des Glaubens halten und zu einer anderen Welt gehören, die von derartigen Pfeilen nicht erreicht wird.

Menschen werden Ihnen nur äußeres Leid zufügen können. Und sogar dies werden Sie letztlich als von Ihrem seltsamen Gott kommend, erkennen, von dem Sie sich entschlossen haben, alles und jedes anzunehmen. Selbst ein Auschwitz oder ein Buchenwald, brennende Öfen oder Gaskammern werden niemals erreichen, daß ein Christ seinen Gottesglauben aufgibt oder seine Liebe zu Ihm verliert.

Niemand, nicht einmal Gott, hat einen Gummiknüppel, der stark genug ist, mich von Ihm zu vertreiben. Ich will Ihn lieben, selbst wenn Er mich erschlägt.

Glaube und Liebe – das ist genug! Nehmen Sie nicht allerlei Besonderheiten an, wie Dogmen, Riten, Regeln, Bedingungen, die von verschiedenen Organisationen als von höchster Wichtigkeit aufgestellt sind.

Lieben Sie! Lieben Sie, selbst wenn die Liebe nicht erwidert wird.

Jesus lehrte, daß Sie auch die andere Wange bieten sollen, wenn man Sie auf die eine Wange schlägt. Voraussichtlich bekommen Sie eine zweite oder dritte Ohrfeige. Ich habe diese Erfahrung gemacht. Eine sanfte Haltung wird vom Gegner als Schwäche ausgelegt. Christen in Konzentrationslagern suchten die Befehle Jesu zu erfüllen: wenn sie gezwungen wurden, einen Kilometer mit schweren Lasten auf dem Rücken zu gehen, gingen sie zwei. Die Folge war, daß die Norm am anderen Tag erhöht wurde, und daß die erschöpften Gefangenen Aufgaben zu erfüllen hatten, die ihre Körper zermalmten. Jesus lehrte uns, den zusätzlichen Kilometer zu gehen. Er hat uns nie versprochen, daß dies andere Unternehmen erfolgreich machen werde, sondern nur, daß es uns in der Liebe vollkommen machen wird. Ist das nicht genug?

* *
*

Diese Regel, die Gebote einfach zu erfüllen, ohne sich davon andere Vorteile zu versprechen als nur die Vervollkommnung des Charakters, läßt sich auch in anderen Bereichen des christlichen Lebens anwenden.

Wir sollen anderen Menschen die gute Botschaft von Christus bringen. Welchen Anklang wir finden, ist nicht unsere Sache.

Es wird die Geschichte von einem Schiff erzählt, das auf stürmischer See den SOS-Ruf aussandte. Die Rettungsmannschaft bereitete sich sofort vor, zur Rettung auszulaufen.

Einer der jungen Burschen sagte zum Kapitän: „Finden Sie nicht, daß die See zu stürmisch und der Wind zu stark ist, um in See zu stechen?"

Der Kapitän sagte: „Nein, der Befehl lautet ‚fahren'. Ein Schiff ist in Not. Also müssen wir fahren."

Der Bursche wandte ein: „Aber, Kapitän, vielleicht kommen wir nicht zurück."

Der Kapitän erwiderte: „Junger Mann, uns ist nicht befohlen, zurückzukehren, sondern zu gehen."

* *
*

Nehmen Sie Ungerechtigkeit mit Freuden an.

Die Juden kennen einen Witz: Ein Mann rief auf einer Bahnstation: „Rubinstein! Rubinstein!" Ein Jude streckte seinen Kopf zum Fenster hinaus. Der Mann, der gerufen hatte, versetzte ihm eine Ohrfeige und sagte: „Hier hast du, was du verdienst, du erbärmlicher Rubinstein." Alle im Abteil lachten. Der geohrfeigte Jude lachte auch von ganzem Herzen. Die anderen Fahrgäste fragten ihn: „Warum lachen Sie?" Er antwortete: „Nun, ich habe ihn getäuscht. Ich bin gar nicht Rubinstein."

Nehmen Sie gern die Fußtritte und Ohrfeigen, die andere verdient haben, an, und freuen Sie sich, daß jemand sich geirrt hat, als er Sie mit einem anderen verwechselte.

Jesus ließ sich um unserer Sünden willen an unserer Statt schlagen und töten.

Während der sozialistischen Religionsverfolgung in Mexiko in den dreißiger Jahren waren hohe Preise auf den Kopf jedes flüchtigen katholischen Priesters ausgesetzt.

Ein „Judas“ erklärte einem Priester, daß er immer arm gewesen sei. „Wenn ich Sie verkaufe, bekäme ich einiges Geld und hätte etwas, um meine Familie durchzubringen.“ Der Priester verließ den Wald, in dem er sich versteckt hatte, und ging mit ihm zur Stadt, damit „Judas“ ihn verkaufen konnte und seine Kinder ein Stück Brot bekämen. Der Priester wurde erschossen.

* *
*

Diebe raubten während des Gottesdienstes eine Kirche aus. Der Abt beobachtete sie und sagte zu den Mönchen: „Seht, wie gut sie ihre Arbeit verrichten. Laßt uns die unsere ebensogut machen, indem wir für ihr Heil beten.“ Und er setzte die Liturgie fort. Die Räuber zogen mit ihrer Beute ab.

* *
*

Auch wenn Liebe mit der Niederlage des Liebenden endet, ist sie doch das beste. Aber manchmal kann sie auch siegreich sein.

Ein englischer Sergeant, der einst in Ägypten stationiert war, erzählt, was ihm selbst passiert ist: „Ein Zivilist in der Kompanie, zu der ich gehörte, war bekehrt worden. Er machte eine schreckliche Zeit durch. In einer regnerischen Nacht kam er müde herein. Ehe er schlafen ging, kniete er vor seinem Bett nieder, um zu beten. Meine Stiefel waren schwer von nassem Schlamm, und ich warf sie so auf ihn, daß jede Seite seines Kopfes getroffen wurde. Aber er setzte einfach seine Gebete fort. Am anderen Morgen standen diese Stiefel schön poliert neben meinem Bett. Das war seine Antwort, und sie brach mein Herz. An jenem Tage wurde ich gerettet."

* *
*

Halten Sie an der Bibel fest. Geben Sie nicht einen Pfennig für eine Kritik, wie gelehrt sie auch sein mag. Kritisieren Sie nicht die Bibel, sondern lassen Sie sich von ihr kritisieren.

In einer Ausstellung moderner Kunst sah man eine leere Leinwand statt eines Gemäldes. Darunter stand als Titel: „Eine weidende Kuh." Ein Besucher fragte den Künstler: „Was bedeutet dieser Titel? Ich sehe kein Gras. Wo grast die Kuh?" Der Künstler antwortete ihm: „Nun, die Kuh hat alles Gras aufgefressen." Der Besucher beharrte: „Aber wo ist die Kuh?" Der Maler erwiderte: „Wozu hätte die Kuh bleiben sollen, da doch kein Gras mehr war?"

Bibelkritiker gleichen diesem Künstler. Sie lassen in der Heiligen Schrift nur leere Seiten übrig; keinen Gott, keine Wunder, keine wahre Geschichte, keine zuverlässigen Lehren, keinen Teufel, keine Hölle und kein Paradies. Beachten Sie solche „Künstler" nicht!

Der heilige Johannes Chrysostomus sagte: „Wir gebieten euch, den Schriften zu glauben. Wenn jemand den Schriften zustimmt, ist er ein Christ."

* *
*

Wenn Sie die Bibel aufmerksam lesen, werden Sie sicher auf Widersprüche stoßen. Ich mißtraue Geschichten, die in jeder Einzelheit miteinander übereinstimmen. Sie sind künstlich konstruiert. Glauben Sie der Bibel, weil die Geschichten nicht übereinstimmen!

Beunruhigen Sie sich nicht, wenn manche Wissenschaftler die Bibel skeptisch betrachten. Wieviel wissen Wissenschaftler? In einem Roman von Balzac sagt ein Gelehrter, den das Weinen seiner Frau nicht bewegt: „Was sind Tränen? Ich habe sie analysiert. Da ist etwas Phosphat von Kalk, Chlor von Soda, etwas Schleim und etwas Wasser." Jemand, der die Bibel mit einem so entstellten Geist ansieht, ist verurteilt, sie nicht zu verstehen. Glauben Sie jedem Buchstaben der Bibel.

* *
*

Vorsicht vor blindem Glauben! Zwingen Sie nicht andere, Ihren Glauben zu teilen. Rabindranath Tagore hat richtig gesagt: „Blinder Glaube versucht die Wahrheit sicher in der Hand zu halten mit einem Griff, der sie tötet."

Ein Christ ist jedem gegenüber tolerant, auch gegenüber dem Intoleranten.

* *
*

Ein atheistischer Lektor bewies, daß die Bibel nicht zuverlässig sei. Er schlug Pred. 1,9 auf, wo geschrieben steht: „Es ist nichts Neues unter der Sonne", und sagte spöttisch: „Dies ist eine glatte Lüge. Es gibt so viele neue Dinge unter der Sonne – Röntgenstrahlen, Radio, Kabeltelegraphie, Eisenbahnen! So vieles! Erfindungen, von denen die Menschheit vor Jahrhunderten keine Ahnung hatte."

Ein Christ antwortete unbeirrt: „Die Bibel ist wahr, jedes Jota. Es ist nichts Neues unter der Sonne." Jetzt wurde der Ungläubige ärgerlich: „Wie kannst du so stur sein und so eine dumme Antwort geben?" Und er begann von neuem mit der Aufzählung von Röntgenstrahlen, Rundfunk, Eisenbahnen und so weiter.

Die Antwort des Christen war: „Von Anfang an haben die Gläubigen zu den Ungläubigen gesagt: ,Ihr könnt Gott nicht mit äußerlicher Religion betrügen. Gott schaut ins Herz.' Die Ungläubigen waren sich sicher: ,Gott kann das Herz nicht sehen, weil es von Fleisch, Knochen und Haut umgeben ist. Es ist gut verborgen!' So befahl Gott einem gewissen Röntgen, die Röntgenstrahlen zu machen, mit deren Hilfe sogar wir Menschen die inneren Teile sehen können. Doch sind sie nichts Neues. Sie sind moderne Illustrationen einer Wahrheit, die wir Gläubigen Tausende von Jahren gewußt haben."

Der Ungläubige hatte das nicht erwartet. Er fragte: „Und wie steht es mit dem Radio?" – „Alt", lautete die sofortige Antwort, „alt wie die Menschheit selbst. Von Anfang an haben die Gläubigen zu denen, die in Sünde lebten, gesagt: ,Seid vorsichtig mit eurem Reden! Gott hört jedes Wort.' Aber die Ungläubigen haben nur zornig geantwortet: ,Der Himmel ist so weit weg. Ich kann nicht einmal ein Gespräch, das im Nebenraum geführt wird, hören. Wie kann Gott in Seinem entlegenen Himmel meine Worte hören, besonders die bösen, die ich nur im Flüsterton sage?' – So hat Gott einen Marconi bestimmt, ein Radio zu konstruieren, das es den Londonern möglich macht, sogar das Hüsteln eines Redners in Moskau zu hören. Alles trägt dazu bei, unsere Seelen für die ewige Wahrheit zu erwekken. Dabei siehst du nicht einmal den, der übers Radio vorträgt. Er ist weit weg. So kann Gott im Himmel jedes deiner Worte hören."

Der Ungläubige war am Ende seiner Weisheit. „Kannst du mir auch beweisen, daß Eisenbahnen nichts Neues sind?" – „Sicherlich! Wir haben immer gewarnt: ,Bekehre dich heute, morgen kann es zu spät sein.' Die Menschen schoben ihre Bekehrung auf. So richtete Gott es ein, daß Stephenson die Eisenbahn erfand. Um Kollisionen zu vermeiden, muß jeder Zug auf die Minute genau abfahren. Wenn du eine Minute zu spät kommst, wird der Zug vor deinen Augen verschwunden sein – ein gutes Beispiel der alten Wahrheit, daß die Zeit zur Bekehrung immer *jetzt* ist. Du kannst in der nächsten Minute eine Herzattacke haben."

Da sagte der atheistische Lektor, daß man mit diesem Buch nicht spaßen könne.

Die Bibel ist wahr, jeder Buchstabe ist wahr. Sie ist wahr, sogar in ihren Widersprüchen.

* *
*

Lassen Sie nicht ab vom Beten. Himmel und Erde können eine so direkte Verbindung haben, wie London und Berlin. Aber machen Sie Ihr Gebet zu einer klaren Hingabe an Gott.

* *
*

Beten Sie nicht wie zu einem Gott, von dem Sie meinen, daß Er eigentlich nichts geben möchte. Seneca schrieb: „Die Götter gleichen nicht den Menschen. Sie geben und geben, bis sie selbst nichts mehr haben."

* *
*

Unbeantwortete Gebete gibt es nicht. Während des letzten Krieges beteten Christen sowohl in Deutschland als auch in England um den Sieg. Die unbeantworteten Gebete der Deutschen waren eine Antwort auf die Gebete der Engländer. Wir leben in einer Welt, die in Nationen, Rassen, Klassen, Parteien, Religionen und in sich widersprechende Einzelinteressen aufgeteilt ist. Warum muß gerade Ihr Interesse für Gott maßgebend sein? Wenn Sie um Sieg gebetet haben und doch besiegt wurden, seien Sie glücklich. Es bedeutet, daß die Gebete Ihrer Gegner angenommen wurden. Er ist noch immer ein Gott, der Gebete hört.

* *
*

Daß doch Ihr Leben ein Leben des Dienens sein möge! Sagen Sie nicht, daß Ihnen Geisteskraft oder Befähigung fehlt. Ein Junge gab Jesus fünf Brote und zwei Fische. Jesus vermehrte sie. Wie wäre es aber gewesen, wenn er nichts gehabt hätte? Eine derartige Möglichkeit existiert nicht. In der Bibel kommt das Wort „Null" oder sein mathematisches Symbol „O" nicht vor. Dabei ist die Bibel mathematisch aufgebaut. Jeder Buchstabe des hebräischen und griechischen Alphabets entspricht einer Zahl. Jedes Wort hat einen Zahlenwert. Mein Sohn hat seine Dissertation für den B.D.-Grad an der lutherischen Fakultät in Paris über das Thema „Die Mathematik in der Bibel" geschrieben. Die Bibel enthält weder das Wort „Null" noch das Zeichen für „O", was besonders bedeutsam ist, wenn man bedenkt, daß die chaldäischen Vorfahren der Juden schon die Null als Kreis schrieben. Im Englischen kommt sogar das Wort „zero" (null) vom chaldäischen „zer".

Niemand ist für Gott eine Null. Niemand ist ohne eine Gabe. Ihre Gabe ist vielleicht Ihre Demut, zu glauben, daß Sie keine haben.

* *
*

Am 21. Mai 1972 hatte ich in der St. Stephanskirche in Southport, England, eine Vision. Meditierend kniete ich vor dem Altar. Ich dachte an Elia, wie er eine Witwe um ein Stück Brot bat. Die Frau sagte, sie habe nur noch ein klein wenig Mehl und Öl, gerade genug für ihren Sohn und sie als letzte Mahlzeit (1. Kön. 17,11–12).

Auf einmal sah ich vor meinem Auge einen hungrigen Mann, der die Jungfrau Maria um Brot bat. Sie antwortete: „Ich habe keines. Ich bin eine Schmerzensmutter und mein Sohn ist ans Kreuz geschlagen worden. Dort rief Er, daß Er sogar von Gott verlassen sei. Brot habe ich nicht, aber ich kann dir einen Trost geben: wisse, daß es wert ist, alles um Gottes willen zu ertragen." Dieser hungrige Mann wurde ein eifriger Prediger und brachte Tausende dazu, Jesus mit Anbetung zu ernähren.

* *
*

Beklagen Sie sich nie über Ihr Kreuz.

Ein Christ beklagte sich einst bei Gott über sein Kreuz. Da nahm ihn Gott in Sein Lagerhaus und sagte: „Hier kannst du dir ein Kreuz aussuchen, das dir paßt." Eines war schön, aus Gold, aber sehr schwer; ein anderes leicht, aber rauh, und hätte ihm die Schulter wundreiben können. Zuletzt fand er in einem Winkel ein Kreuz, von welchem er annahm, daß es zu ihm passen würde. Gott sagte zu ihm: „Wirf einen genaueren Blick darauf." Es war das Kreuz, das er zuerst von Gott erhalten hatte.

Das Leiden ist heilig. Verschwenden Sie niemals auch nur ein Stückchen davon.

* *
*

Es ist gut, daß Sie Gott kennen. Sie sollten aber auch den Teufel kennen.

„Der Hirte des Hermas", ein altes christliches Buch, sagt, daß jeder Mensch sowohl einen persönlichen Teufel hat, der ihn plagt, als auch einen Schutzengel. Versuchen Sie Ihren Schutzengel, der Ihr Leibwächter ist, eingehend kennenzulernen. Versuchen Sie auch Ihren Teufel kennenzulernen.

Heute gibt es eine gefährliche Mode unter jungen Leuten. In dem Augenblick, in dem sie sich bekehren, hängen sie ihre Arbeit und ihr Studium an den Nagel, um zu predigen. Das ruft in ihren Familien Widerstand hervor. Wenn Sie so hinter anderen herrennen, die Sie wahrscheinlich nie für Christus gewinnen werden, verlieren Sie die Möglichkeit, das Heil Ihren Verwandten nahezubringen. Bleiben Sie an Ihrem Platz und versuchen Sie, möglichst Ihre eigene Familie für Christus zu gewinnen.

Missionar zu sein, ist eine seltene und außergewöhnliche Berufung.

Je inniger ein Christ mit Christus verbunden ist, desto größer ist die Wahrscheinlichkeit, daß er intellektuell und geistlich einsam bleibt.

Das bedeutet nicht, daß er nicht Missionar sein wird. Man braucht nicht mit Gewalt Wasser bergab fließen zu machen. Es fließt von selbst. Missionsarbeit wird nicht mit Anstrengung verrichtet. Leben Sie auf einem höheren Niveau, und das Wort Gottes wird auf die anderen herabströmen. Ich schätze Missionsarbeit hoch ein. Aber an der missionarischen Betriebsamkeit ist etwas falsch.

* *
*

Im Louvre hängt ein Gemälde von Murillo: „Das Wunder von San Diego." Zwei Adlige und ein Priester betreten eine Küche. Sie sind erstaunt, daß alle Küchenmägde Engel sind. Eine macht sich an einem Topf zu schaffen, eine andere an einer Fleischkeule, wieder eine andere an einem Korb mit Gemüse und eine vierte bedient das Feuer. Aber alle verrichten engelgleiche Arbeit.

Keine Arbeit ist gemein, es sei denn, wir schätzen sie so ein. Jesus selbst, der Eine mit der größten Mission, arbeitete in einer Werkstatt. Wenn Sie nicht einen sehr klaren, außergewöhnlichen Missionsruf haben, bitte ich Sie, nicht ein Missionar von Berufs wegen zu werden. Seien Sie lieber ein Missionar in Ihrer Küche oder in Ihrem Geschäft. Sie werden dort viel nützlicher sein.

* *
*

Doch verlieren Sie nie die höhere Schau, den Weitblick! Kümmern Sie sich um die Evangelisation der Welt. Kümmern Sie sich um soziale Gerechtigkeit.

Der Herr Jesus hat uns ein Gleichnis von einem verlorenen Sohn erzählt, der seines Vaters Vermögen infolge liederlichen Lebens verpraßt hatte. Nach etlichen Abenteuern kehrte er zum Vater zurück, der ihn mit Liebe aufnahm, ihn mit dem gemästeten Kalb bewirtete, ihm gute Kleider gab und ihm sogar einen goldenen Ring an den Finger steckte.

Dieser verlorene Sohn hat es genossen – und das war alles.

Der Herr hat uns gewarnt, in Seinen Gleichnissen die Wahrheit in allen Einzelheiten zu suchen. Eigentlich sind die Gleichnisse für solche bestimmt, die nicht in der Lage sind, die Wahrheit anzunehmen (vgl. Matth. 3,10–16).

In der Regel müßte ein junger Mann, der so etwas getan hat, daran denken, dem Vater alles zu erstatten, und sollte versuchen, seine früheren Gefährten für Gott zu gewinnen. Er hätte auch etwas weniger vom gemästeten Kalb essen und an die hungernden Bewohner des Landes denken können, in dem er eine Zeitlang gelebt hatte.

Ein Christ überlegt sich alle diese Dinge. Und das bedeutet, daß er in evangelistische und soziale Probleme hineingezogen wird. Aber er gibt sich keinen Illusionen hin, die Gesellschaft vor der Wiederkehr des Herrn Jesus zu vervollkommnen. Tun Sie Ihre Pflicht, für Christus zu zeugen und die Gesellschaft zu bessern, aber halten Sie Maß in allen Dingen. Überfordern Sie sich nicht. Überarbeitung ist eine Droge für Enttäuschte, und Revolutionen sind das schlimmste Opium für das Volk.

Bewahren Sie das richtige Maß zwischen einem kleinen Leben, in dem man sich um sich selbst dreht, und dem übertriebenen Wunsch, die Menschheit schleunigst zu bekehren oder Gerechtigkeit zu schaffen, was Generationen dauert.

* *
*

Jahrhundertelang hat es Kampf gegen die Armut gegeben. Aber es ist heute mehr Armut in der Welt, denn je zuvor. Seit Jahrhunderten haben Menschen über Abrüstung oder Beseitigung des Krieges gesprochen, und doch sind in Vietnam allein mehr Bomben abgeworfen worden als während des ganzen Zweiten Weltkrieges über Deutschland. – Wir versuchen, die Kluft zwischen den Generationen zu füllen. Im Museum für Antike in Istanbul wird das bislang älteste, der Menschheit bekannte, Schriftstück aufbewahrt. Es hat folgenden Inhalt: „Leider sind die Zeiten nicht mehr das, was sie einmal waren! Kinder gehorchen nicht mehr ihren Eltern, und jedermann schreibt darüber ein Buch."

Der Traum, eine Raupe zu zwingen, eine Puppe zu werden, ode eine Puppe zu zwingen, ein Schmetterling zu werden, ist eine Utopie. Ebenso ist es eine Utopie, einen gerechten Sozialstaat für ungerechte Menschen zu planen.

Es ist für den Christen sehr schwer, mit ansehen zu müssen, wie Dämonen über Völker triumphieren. Aber das beste Mittel ist, in die Ruhe einzugehen und zu sich selbst zu sagen: ‚Wir kennen keine Lösung für das soziale Problem, genauso, wie wir keine für die Quadratur des Kreises kennen.'

* *
*

Die Wurzel aller sozialen und rassistischen Unruhe ist die Übertretung des zehnten Gebots: „Du sollst nicht begehren." Wozu braucht man mehr, als man hat?

Ich frage mich, ob es viele gibt, die soviel Hunger und Not erfahren haben wie ich. Lange Zeit war eine Scheibe Brot in der Woche und eine Suppe aus schmutzigen Kartoffelschalen meine tägliche Ration. Ich hatte weder Schuhe noch Hosen. Ich zitterte vor Kälte. Man kann sogar unter solchen Umständen glücklich sein, selbst wenn man weiß, daß die Gattin unter derselben Not leidet und das Kind aller Freuden des Lebens beraubt ist. Man weiß, daß unser geheimnisvoller himmlischer Vater es uns zugeteilt hat. Und das ist das Geheimnis.

Ich weiß, daß freiwillige Armut ein Ding ist; Armut, von Ausbeutern aufgebürdet, ist etwas anderes. Und dem müssen Sie Widerstand leisten. Um das erfolgreich tun zu können, benötigen Sie Kraft.

Sie sind nie so einflußreich, wie wenn Sie in Ruhe sind. Es scheint, daß Sie keine Macht haben. Aber dieser Schein ist Teil der Qualität. Leben Sie in der Ewigkeit, nicht im täglichen Kleinkram und in der Aneinanderreihung von Vorkommnissen. Die Ewigkeit kann nicht gestört werden, nicht einmal vom Schrei einer Million hungernder Kinder. Wenn Sie über den Dingen an himmlischen Orten bleiben, wird das, was Sie für diese hungernden Kinder tun, Frucht bringen. Sonst wird Ihr ganzer Kampf vergeblich sein. Es wird Ihnen wie Sisyphus ergehen, der einen riesigen Stein bergauf rollen mußte; immer wieder rollte er herunter und mußte von neuem hinaufgerollt werden. Die ganze Menschheitsgeschichte ist so verlaufen. Das, was von Bestand ist, wurde von den stillen Seelen ausgeführt, von solchen, die über den pausenlosen Seifenblasen – Jahrhunderte genannt – mit ihrem flüchtigen Freud und Leid stehen.

Die Welt ist nicht gerade ein Garten, eine wundervolle Schöpfung, wie manche Gesangbuchlieder es zum Ausdruck bringen. Es ist da auch eine häßliche Seite. Diese wird dank des heißen Kampfes der Stillen besiegt werden. Die kleine, leise Stimme ist ausschlaggebend.

* *
*

Sogar die Gottlosen vollbringen sehr viel Gutes mit sozialen Reformen, Kämpfen, Revolutionen und Kriegen – nur, daß es nicht von Dauer sein wird.

Es waren einmal zwei junge Seidenraupenmännchen, die um die Wette liefen, um die Liebe eines Seidenraupenweibchens zu gewinnen, und die in einer Krawatte endeten.

Dies ist auch das Ende allen sozialen Ringens. Auf beiden Seiten werden die Kämpfer zu Staub.

* *
*

Milarepa, ein tibetanischer Asket, hatte für sich nur einen Topf zum Wassertrinken zurückbehalten. Eines Tages zerbrach der Topf. Da sagte Milarepa:

Mein irdener Topf ist jetzt und ist jetzt nicht.
Mein ganzer Besitz –
Beim Zerbrechen ist er ein Lama geworden.
Hat er doch in trefflicher Rede gepredigt
Über die Unbeständigkeit der Dinge . . .

Weihen Sie sich Ihrer Seele. Andere werden dank der ansteckenden Stärke eines gläubigen Charakters zum Heil kommen. Was die menschliche Gesellschaft anbelangt, so überlassen Sie diese dem Einen, der für sie die Verantwortung trägt.

„Wo der Herr nicht das Haus baut, arbeiten umsonst, die daran bauen. Wo der Herr nicht die Stadt behütet, wacht der Wächter umsonst.

Es ist umsonst, daß ihr früh aufstehet und hernach lange

sitzet und esset euer Brot mit Sorgen . . ." (Psalm 127,1–2.)

Dreimal „umsonst"!

Gewiß, in vielem sollte die Gesellschaft verbessert werden. Von Livingstone, dem großen Kämpfer gegen die Sklaverei, Missionar und Entdecker, haben wir jedoch das Wort: „Wer Glauben hat, ist nicht in Eile."

* *
*

Wir sind nicht in Eile, weil wir mit unserer Unsterblichkeit rechnen. Vieles, was nicht erreicht wurde, wird später erreicht werden. Mose hätte gern von Gott die Erlaubnis erhalten, das heilige Land zu betreten. Gott widerstand ihm. Er mußte außerhalb sterben. Nahezu zweitausend Jahre vergingen. Der Herr Jesus spricht auf dem Taborberg mit Mose! Tabor ist im heiligen Land. Das bedeutet, daß der Wunsch des Mose trotz allem erfüllt ist, wenn auch etwas später. Aber was sind zweitausend Jahre für einen, der ewig lebt?

„Halte immer an deiner Unsterblichkeit fest", schrieb Solschenizyn. Dann werden Menschen von Ihnen sagen können, was Goethe von Lavater sagte: „In seiner Nähe wirst du jungfräulich."

* *
*

Warum machen manche Menschen Aufstände? Es gibt viele Beweggründe. Unter anderem ist es eine Tatsache, daß Rebellion eines der größten Vergnügen des Menschengeschlechts ist. Viele halten sie für ein größeres Vergnügen als Sex, Alkohol, Musik oder Rauschgift.

Während der Unruhen in Belfast sank die Selbstmordziffer um 50 Prozent; auch sank die Anzahl der Personen, die von Ärzten gegen Depression behandelt wurden. Angriffigkeit gegen den Nächsten vermindert die Angriffigkeit gegen sich selbst. Für diejenigen, deren Pflichten nicht eines ganzen Einsatzes wert sind, ist der soziale Friede und der Friede zwischen Nationen und Rassen langweilig.

In jedem Aufruhr steckt auch ein Element der Erbitterung. Wilde Haufen fragen nicht viel danach, ob es besser wird, sondern setzen lediglich voraus, daß es anders wird. Sie tauschen Fliegen gegen Hummeln und Bienen gegen Hornissen ein. Revolutionen ändern die soziale Ordnung, verbessern sie aber selten.

Sun-Yat-Sen, der die chinesische Revolution begann, die nun seit über sechzig Jahren andauert, schrieb am Ende seines Lebens: „Wenn wir unsere ersten Ziele, mit denen wir die Chinesische Revolution anfingen, analysieren, müssen wir feststellen, daß wir das Wohl des Volkes und des Landes im Auge hatten, wogegen das Resultat ganz das Gegenteil geworden ist und das chii esische Volk mehr und mehr unterdrückt und das Land immer unglücklicher wird."

* *
*

Aus diesen und vielen anderen Gründen haben wahre Christen sich immer gegen Revolutionäre, Guerillas und dergleichen gestellt.

Als während der Reformation in Deutschland der Bauernkrieg begann, schrieb Luther zunächst seine „Ermahnung zum Frieden". Als aber die Vorgänge gewalttätig wurden, verfaßte er eine Flugschrift „Wider die mörderischen und räuberischen Rotten der Bauern". Er verurteilte sie mit allerhärtesten Worten als Rebellen gegen Gott und ihre rechtmäßigen Herren und rief zu ihrer Bekämpfung auf. Als der Aufstand niedergeschlagen war, legte er es als göttliches Strafgericht aus.

* *
*

Behalten Sie dies alles im Auge. Treten Sie nicht leichtfertig in einen Kampf. Wenn Sie jedoch gezwungen sind, den Kampf aufzunehmen, dann nehmen Sie sich vor, ihn zu gewinnen.

Jede Schwäche während Ihres Kampfes werden Sie bitter bereuen. Als Danton die Tuillerien angriff, erlaubte Ludwig XVI. nicht, daß die Truppen den Palast verteidigten. Er wollte Blutvergießen vermeiden und suchte in der Nationalversammlung Zuflucht. Die Folge war, daß mehr Blut vergossen wurde, wie wenn er seine Autorität verteidigt hätte. Dantons Rebellen brachten im Palast einen jeden, vom Marschall bis zum Koch, um. Die Leichen wurden zerstückelt. Dann folgte die Schreckensherrschaft, der auch Danton selbst zum Opfer fiel.

* *
*

Shakespeare schrieb in „Wie es euch gefällt“: „Liebe ist zu machen aus Seufzern und Tränen, aus Glaube und Dienst, Phantasie; ganz gemacht aus Leidenschaft und ganz gemacht aus Wünschen; ganz Verehrung, Schuldigkeit und Sitte, ganz Demut, ganz Geduld und Ungeduld, ganz Reinheit, ganz Plage, ganz Huldigung.“ Aber es gehört noch mehr zur Liebe. Die Liebe zum französischen Volk hätte Ludwig XVI. zwingen sollen, bis zum äußersten gegen die Rebellen vorzugehen.

Laßt uns vergewissern, daß auch unser heftigster Kampf der Liebe entstammt.

* *
*

Kirchenväter, die in der Wüste lebten, erörterten nach Jahren des Betens und Fastens, welches wohl die höchste Tugend sei. Der eine sagte „Liebe“, der andere „Gerechtigkeit“, der dritte „Strenge“, der vierte „Demut“ usw. Der heilige Antonius der Große beendete die Debatte mit den Worten: „Die höchste Tugend ist – in allen Dingen das rechte Maß zu halten!" Alle waren damit einverstanden.

* *
*

Nachdem Sie zu Jesus gekommen sind, werden Sie Seine Kirche mit neuen Augen betrachten. Es gibt viele häßliche und abstoßende Dinge in der Kirche, aber einem Samen gleich sind in ihr viele Entwicklungsmöglichkeiten vorhanden. Der Same hat auch die Möglichkeit, eine schöne Blüte zu entfalten. Solch eine Möglichkeit hat sogar eine völlig degenerierte Kirche.

Sie können die Predigten des Pfarrers nicht ertragen? Sie halten sie für sehr schlecht?

Als ob Jesus uns an ärmliche und ganz falsche Predigten gewöhnen wollte, hielt Er eine Predigt, die oberflächliche Christen als schlecht einschätzen würden. Sie finden sie in Matth. 15,23(3). Er bezeichnet eine Frau als Hündin, nur weil sie einer anderen Nation angehört. Die Predigt scheint von Kastendenken erfüllt zu sein, wenn sie die Juden mit Kindern vergleicht, deren Nahrung, für sie reserviert, nicht den Hunden gegeben werden dürfe. Aber diese Predigt, die wir als schlecht einstufen würden, ist insoweit nur der düstere Hintergrund, auf dem die Großtat der Heilung der kranken Tochter jener Frau gemalt ist, und um sie Demut zu lehren.

Könnte es sein, daß die schlechten Predigten von Pfarrern uns Demut lehren und uns daran erinnern sollen, wie oft unsere eigenen Worte schlimm sind? Unerträgliche Predigten sind jedenfalls der Ertrag einer Institution, die seit zweitausend Jahren für die Menschheit die Erinnerung an den Einen bewahrt hat, der unsere ganze Liebe verdient, an unseren Herrn Jesus Christus.

Lernen Sie von schlechten und schwachen Predigten. Bileam bietet ein Beispiel der Demut. Er war sogar bereit, einen Esel anzuhören, als dieser ihm in ganz deutlicher Sprache eine Wahrheit von Gott sagte.

Sie beschweren sich über den Prediger? Es könnte auch bei dem Zuhörer etwas nicht in Ordnung sein.

* *
*

Lernen Sie zu unterscheiden zwischen der wahren Kirche und Institutionen, die nur den Namen tragen. Kaiser Theodosius, der dem Kirchenstaat der Päpste einen definitiven Status gegeben hat, den die meisten großen Denominationen übernommen haben, schlachtete die ganze männliche Bevölkerung Thessalonikis ab. – Die Biographie von Konstantin dem Großen ist entsetzlich.

Chlodwig, König vom Frankenreich, wurde Christ, weil er eine Christin, Prinzessin Chlothilde, liebte. Er schwor während einer Schlacht, daß ihr Gott auch sein Gott werden würde, wenn er die Alemannen besiege. Sein Sieg war sicher kein ausreichender Grund, den christlichen Glauben anzunehmen, demgemäß die Franken nicht mehr die Alemannen bekämpfen, sondern in Frieden mit ihnen leben sollten. Das Volk nahm das Christentum an, weil der König es befahl.

Fürst Wladimir von Kiew wurde Christ, um die byzantinische Prinzessin Anna zu ehelichen. Er zwang ganz Rußland, christlich zu werden.

Als Finnland unter dem heiligen Eric von den Schweden besiegt wurde, mußte das Volk das Christentum annehmen.

Es hat sowohl sehr schlechte Päpste und viele schlechte Bischöfe gegeben als auch viele gute. Aber oft wanderten die Opfergaben, auf den Altären der Apostel aufgehäuft, direkt in die Taschen des Klerus.

Papst Julius II., der den Petersdom bauen ließ, war ein Krieger.

Papst Leo X., der Luther exkommunizierte, soll gesagt

haben: „Welche Profite hat uns die Fabel von Christus gebracht!"

Als sich der Protestantismus vom Katholizismus trennte, kam nach vielen Kriegen aufgrund des Prinzips „Cuius regio, eius religio" Friede zustande, was bedeutete, daß die Bevölkerung überall die Religion ihres jeweiligen Fürsten annehmen mußte.

Eine Kirche, die auf eine solche Weise begründet und verewigt wurde, konnte Christus gegenüber nur untreu sein. Wir beurteilen die Autorität dieser Kirche mit dem Wort, das Samuel zu Saul sagte: „Du hast des Herrn Wort verworfen, und der Herr hat dich auch verworfen" (1. Sam. 15,26).

Luther und Melanchthon bedauerten, daß sie zuviel reformiert hatten. Melanchthon schrieb 1530: „O, daß ich sie wiederherstellen könnte, nicht die weltliche Gewaltherrschaft der Bischöfe, aber doch die geistliche Verwaltung der Kirche durch Bischöfe, denn ich sehe, was für eine Kirche wir nach Auflösung der kirchlichen Zucht und Ordnung bekommen werden." Luther schrieb an Melanchthon: „Lieber Philipp, ich fürchte, wir haben des Guten zuviel getan." – Ich dagegen bedaure, daß die Reformatoren nicht mehr getan haben.

Die reformierten Kirchen sind im Hinblick auf die Verkündigung des wahren Evangeliums tolerant gewesen, genau wie die katholische Kirche vor ihnen. Die Kirche von England hatte weder für Bunyan noch Wesley Platz gehabt, als sie am Leben waren. Heute hängen Gedenktafeln an sie in der Westminsterabtei – Jahrhunderte nach ihrem Tod.

Sowohl die Kirchen der Reformation als auch die katholische und die orthodoxe Kirche (ausgenommen unter atheistischer oder nichtchristlicher Regierung) stellen sich der Welt auf gleiche Weise. Jedermann wird als Kleinkind getauft und jedermann ist ein Christ. Es ist der Welt nicht möglich, den ganzen Christus anzunehmen, auch nicht eine solche Kirche.

Sie kann das ihr anvertraute Geld nur mißbrauchen, wie die Welt es tut. Wir lesen in 2. Kön. 12, daß man den Werkmeistern in Geldsachen mehr traute als den Priestern. Die Dinge haben sich seither nicht geändert.

Wiclif schrieb: „Wenn die Priesterschaft die Kirchenschätze mißbraucht, müssen sie ihr genommen werden. Andernfalls versäumst du deine Pflicht." – Und Bonhoeffer: „Die Kirche ist nur dann Kirche, wenn sie für andere da ist. Um einen Anfang zu machen, muß sie ihren ganzen Besitz den Armen geben. Die Geistlichen sollen nur von den freiwilligen Opfergaben der Gläubigen leben. Notfalls müssen sie daneben einen weltlichen Beruf ausüben."

Als Paul Tillich über die Namenskirche nachdachte, schrieb er: „Das erste Wort, das die Religion zu den Menschen unserer Zeit sagt, muß ein Wort gegen die Religion sein." Er drückt mit anderen Worten aus, was bereits in „Die Summe der Theologie" von Thomas von Aquin geschrieben steht: „Wenn es sich um eine drohende Gefahr für den Glauben handelt, können Prälaten sogar öffentlich von ihren Untergebenen beschuldigt werden."

* *
*

In dieser falschen Kirche kann das Wort „Christ" uns Schrecken einjagen. Christen haben Christus ebensoviel Böses zugefügt, in ebenso grausamer Art, wie es Nazis, Kommunisten oder auch Heiden getan haben. Nicht jeder, den Sie für einen Christen halten, ist ein Christ.

* *
*

Aber das Wort „Kirche" hat noch einen anderen Sinn. Wenn Sie Christ werden, kommen Sie in eine wahre Gemeinschaft von Glaubensbrüdern und -schwestern.

Niemand fälscht, was nicht wertvoll ist. Fälschungen

des Christentums beweisen seinen Wert. Es gibt nur für echtes Leben heuchlerischen Anspruch, nicht für schlechtes.

Lassen Sie diejenigen, die vorgeben, Christen zu sein, außer acht und schließen Sie sich der wahren Kirche an. In ihr sind etliche große Heilige, wahre „Gedichte" Gottes. So lautet nämlich das griechische Wort, das die Bibel gebraucht, um sie zu beschreiben – „poema" (Eph. 2,10).

Ich stimme mit Papst Pelagius II. überein, daß Gott nicht auf seiten eines Menschen sein kann, der nicht in Frieden und Eintracht mit der Kirche ist, vorausgesetzt, daß wir unter „Kirche" diese heilige Gemeinschaft kreuztragender, wahrer Gläubiger verstehen.

Aber seien Sie darauf gefaßt, daß Sie auch hier Enttäuschungen erleben werden. Gottes wahre Kirche besteht aus Menschen, die sich erst nach Heiligkeit ausstrecken, sie also noch nicht erreicht haben. Denken Sie daran, daß auch Sie eine Enttäuschung für andere sind.

Auch wahre Christen sind in der Lage, verräterisch und grausam zu sein.

Böse Menschen haben Tugenden, Heilige haben Sünden. Die Welt ist nicht in Weiß und Schwarz aufgeteilt. Es wird manchmal schwer für Sie sein, zwischen dem Wahren und dem Falschen zu unterscheiden.

Thomas von Aquin sagte: „Gratia non tollit naturam" (die Gnade zerstört nicht die Natur).

Seien Sie besonders vorsichtig, wenn Sie viele Gaben von Gott erhalten. Gnaden und Gaben können als Feinde wirken. Selten rufen sie Bewunderung hervor. In den meisten Fällen wecken sie Neid.

Trotz der Schwächen ihrer Glieder ist die Kirche echt, wenn sie eine Gemeinschaft von Gläubigen ist und wenn in ihr das Wort Gottes verkündet wird.

* *
*

Lassen Sie mich noch einmal wiederholen: Erwarten Sie nicht zuviel! In der Bibel haben wir zwar das Wort Gottes, aber was für ein ungenaues Wort! In Matth. 21,7 lesen wir, daß die Jünger eine Eselin und ein Füllen zu Jesus brachten ... und sie „setzten Ihn darauf", was den Eindruck erweckt, als ob sie Ihn auf zwei Tiere setzten. Das Wort Gottes ist teilweise von ungebildeten Menschen in einer ungefeilten Sprache geschrieben.

Als Gott Mensch wurde, war Er verachtet und wurde Räubern zugerechnet. Als Er Sein geschriebenes Wort gab, gab Er es mit vielen ungenauen und dunklen Stellen. Als Er uns Priester und Pastoren gab, wußte Er, daß wir mit Predigten und Büchern belehrt werden würden, die viel menschliche Unwissenheit und Verzerrung enthielten.

Denken Sie in armseligen Gottesdiensten an Jesus in Seiner Demut. Die bescheidene Kirche ist die Fortsetzung der bescheidenen Menschwerdung.

* *
*

Nachdem diese Unterscheidung zwischen Denominationen als solchen und der wahren Kirche gemacht ist, haben die Gotteskinder die Einheit zu bewahren. Es ist eine Schande, daß wir uns an Sonntagen in Hunderte von Konfessionen zerstreuen und Ihn oft allein lassen (Joh. 16,32). Das griechische Wort für „zerstreuen" ist „scorpithete", welches mit dem Wort „Skorpion" verwandt ist.

Wenden Sie auf alle Brüder folgendes Prinzip an: „In wichtigen Dingen – Einheit; in zweifelhaften – Freiheit; in allen – Nächstenliebe."

Diese Einheit ist wichtig. Die letzten Worte Melanchthons waren: „Laßt sie alle eins sein!" Er hatte sie von Jesus: „... auf daß sie alle eins seien!"

Streben Sie nach Einheit, aber wieder ohne Illusionen. Sie werden nicht viel erreichen. Verwirrung und Uneinigkeit werden sich immer mehr verbreiten wie Wolken der

Finsternis, sogar unter den Kindern Gottes. Auch unter den Gläubigen wird es ein Problem sein, eine Gemeinde und einen Pastor zu finden, der den Bedarf ihrer Seele befriedigt. Bewahren Sie, was Sie schon erhalten haben, und behalten Sie den Glauben an Christus, auch wenn Sie sich an die Wurzeln des Baumes mit den Fingernägeln ankrallen müssen, damit Sie nicht weggefegt werden. Und bleiben Sie so bis zum Tag Ihres Todes. Eine bessere Welt erwartet Sie, wo Klarheit herrscht.

* *
*

Ich sprach von der Treue gegenüber der Kirche. Wir müssen aber auch genau wissen, daß wir nicht durch die Kirche und gleichzeitig direkt mit Gott Verbindung haben können. Die Kirche macht die Gemeinschaft zur indirekten. Gewissensfreiheit Gott gegenüber ist wichtiger als die Autorität der Kirche. Diese hat immer schon Mühe gehabt, die Heiligen zu erkennen. Sie hat viele Fromme als Ketzer verurteilt und verdammt.

Sie müssen sich bewußt sein, daß Sie unnütz rennen, wenn Sie nicht mit der wahren Kirche rennen. Aber zugleich müssen Sie sogar eine gewisse Distanz selbst zur wahrsten Kirche halten.

* *
*

Erlauben Sie es sich niemals, angesichts der Dinge, die Sie in der Kirche beobachten, mutlos zu werden. Es wird erzählt, daß ein Jude bekehrt wurde, nachdem er den Vatikan zur Zeit der Borgias gesehen hatte. Er sagte: „Eine Kirche, die ungeachtet solcher Führer existiert, muß von Gott sein."

Ich liebe die Kirche am meisten wegen ihrer häßlichen Seiten. Wenn Sie in ein Krankenhaus kommen, kann es

Ihnen vom Geruch, Eiter, Blut und Stöhnen übel werden. Es ist die Schönheit eines Krankenhauses, daß es kranke Menschen aufnimmt, und daß Ärzte und Schwestern bereit sind, ihre Tage unter solch unangenehmen Verhältnissen zu verbringen, um zu helfen. Die Schönheit der Kirche besteht in der Tatsache, daß sie Sünder und Verbrecher aufnimmt. Nachdem sie von der Kirche aufgenommen worden sind, verüben diese Sünder erneut böse Taten, dieses Mal unter dem Deckmantel des Christentums. Und die Kirche hält sie weiterhin wie eine liebende Mutter an ihrem Busen.

Ich finde das schön.

Und dann ist da noch eine andere Seite. Die Kirche umfaßt nicht nur böse Menschen.

Sie hat Männer, wie Papst Gregor den Großen, der, während er die liturgischen Gewänder anlegte, erfuhr, daß jemand verhungert sei. Sofort legte er die Gewänder beiseite und sagte: „Wenn ein Mann in Rom vor Hunger stirbt, ist der Papst nicht wert, die Messe zu lesen."

In der Kirche gab es und gibt es noch eine ganze Reihe von Menschen, die Gott und ihre Mitmenschen von ganzem Herzen lieben und sich in ihren Dienst stellen.

Die Kirche hat eine reiche Erfahrung mit Gott und den Menschen. Dieser Schatz steht Ihnen zur Verfügung.

Was auch in der Kirche geschehen mag, Gutes oder Böses, eine grundlegende Tatsache bleibt: die Auferstehung Jesu. Sie ist wirklich wahr.

Nehmen wir an, daß diese ganze Geschichte eine Fälschung sei, wie es ja unsere Gegner behaupten. Warum würden Fälscher solche Episoden erfinden wie die, daß Maria Magdalena den Auferstandenen nicht erkennt? Nach Luk. 24,16 und Joh. 21,4 erkennen auch Seine nächsten Jünger nicht, daß Er Jesus ist. Stellen Sie sich vor, daß sich verschiedene Personen verschwören, um einen Mann eines Verbrechens zu beschuldigen, das er nicht begangen hat. Wenn sie dann jedoch im Zeugenstand erscheinen, sagt jeder von ihnen, daß er den Beschuldigten nicht als den, der es getan hat, erkenne. Es liegt auf der Hand, daß das ganze Komplott zusammenfällt. Nun sind Fälscher zwar gewöhnlich sehr intelligente Leute. Wenn die Apostel Fälscher gewesen wären, warum hätten sie dann die für einen Fälscher unverzeihliche Dummheit begangen und ausgesagt, daß sie die Person vor sich nicht als die des auferstandenen Jesus erkennen? Die Erklärung ist einfach: weil sie die Wahrheit liebten und weil die Dinge so geschehen waren, wie sie sie darstellten. Jesus wirkte später genug Zeichen, um jeden Zweifel ihres Herzens zu zerstreuen. Sie wußten nun, daß Er am Leben war. Auch wir wissen es.

Er ist lebendig, und nicht nur im Himmel – Er lebt in unseren Herzen. Wenn Ihre geistlichen Augen geöffnet sind und Sie einen Gläubigen anschauen, sehen Sie Jesus auf Seinem Herzensthron oder, anders gesagt, den Gläubigen an Jesu Brust liegend, umgeben von Seinen Armen.

Halten Sie immer an der einen, sicheren Wirklichkeit fest: Jesus ist von den Toten auferstanden. Er lebt. Er ist tot gewesen, aber was ist mit Seinem Leichnam geschehen? Haben Seine Jünger ihn gestohlen? Dann hätten sie gewußt, daß Er Seine Verheißung, Er werde auferstehen, nicht erfüllt hätte. Sie hätten ganz sicher ihren Glauben verloren. Fast alle von ihnen starben später den Märtyrertod. Niemand geht unter Folterungen für etwas in den Tod, von dem er weiß, daß es eine Lüge ist. So war also der Leichnam Jesu nicht in den Händen der Jünger. Wenn er in den Händen der Gegner gewesen wäre, wäre das Christentum nie entstanden. Als die Apostel die Auferstehung Jesu predigten hätten die Hohepriester, die Ihn zum Tode verurteilt hatten, nur das Grab zu öffnen und den Leib Jesu zu zeigen brauchen. Die 3000 Menschen, die an einem Tag in Jerusalem bekehrt wurden – ein wirklich schwerer Schlag für die Pharisäer – hätten niemals an Seine Auferstehung geglaubt, wenn sie den

Leichnam noch im Grabe liegend gesehen hätten. Es wäre leicht gewesen, Petrus zu demütigen und ihn als unglaubwürdig hinzustellen.

Weder Jesu Freunde noch Seine Feinde besaßen Seinen Leichnam, weil Er am dritten Tag nicht mehr ein Leichnam war, sondern lebendig. Er ist heute lebendig und wird es in Ewigkeit sein.

Sie könnten Schwierigkeiten in der Welt und in der Kirche bekommen, aber der lebendige Jesus wird Ihnen Freude inmitten der Trübsal geben.

* *
*

In der Gemeinschaft mit Jesus wird es leicht für Sie sein, die richtige christliche Haltung zu den Problemen Ihres Lebens zu gewinnen.

In Dostojewskis Roman „Die Brüder Karamasow" erfährt der Großinquisitor, daß ein gewisser Jesus Christus durch die Straßen von Madrid gehe, und Seine Gegenwart die christliche Religion gefährde, die seinerzeit durch Ihn entstanden ist. Er beordert Jesus zu sich und belehrt Ihn, wie töricht Er gewesen sei. Als Idealist und Utopist hätte Er nur gekreuzigt werden können. Männer wie er, der Großinquisitor, haben das Christentum als Dauerinstitution erhalten, indem sie es in einen festen Rahmen faßten und die verbrannten, die Jesu Gesinnung hatten.

Auf all die Unverschämtheit und Grausamkeit des Großinquisitors antwortete Jesus mit keinem Wort. Er hörte aufmerksam bis zum Ende zu. Der da sprach, war er nicht auch ein Geschöpf Gottes? Ein Mensch, für den Er gestorben war? Als der Großinquisitor seine Belehrung beendet hatte, küßte Jesus ihn. Das war alles.

Lassen Sie auch Ihren Kuß eine letzte Antwort auf jede Unverschämtheit und Roheit sein. Sogar ein Judas Iskariot wünschte sich den Kuß von Christus.

Sie müssen sich mit den Menschen auseinandersetzen,

sie anhören, ihnen Ihre Antworten geben. Aber verlassen Sie sie so schnell, wie Sie können. „Eines ist not", und Maria Magdalena erwählte „das gute Teil": sie saß still zu Jesu Füßen und „hörte seiner Rede zu". Sie brauchte nur Jesus, als Er gekreuzigt wurde, ja, auch als Er ein Leichnam war. Sie liebte Ihn und nur Ihn. Und Er liebte sie so sehr, daß Er ein großes Risiko auf sich nahm, als Er sich ihre Küsse und Liebesbezeugungen gefallen ließ. Zu jener Zeit hätte kein Rabbiner sich von einer Frau auch nur berühren lassen. Auch für Jesus ist nur „eines not": den Magdalenas Liebe zu zeigen.

Das Auge, mit dem *sie* Jesus ansah, war dasselbe wie das, mit dem Jesus sie ansah. Es gibt viele leibliche Augen. Das geistliche Auge ist nur eins. Gott, die Engel und die Gläubigen haben es gemeinsam.

* *
*

Ein Hirt sagte zur Nachtigall: „Sing!" Die Nachtigall antwortete: „Die Frösche machen zuviel Lärm. Das nimmt dem Singen das Vergnügen. Hörst du sie nicht?" Der Hirt sagte: „Natürlich höre ich sie, aber ich höre sie nur, weil du still bist."

Gehen Sie durch die Welt und singen Sie das Lied Jesu. Es gereicht Ihnen zur Schande, daß so viele neidische und ungläubige Worte zu hören sind.

* *
*

Wenn Sie Christus und Seiner Kirche treu sind, wird am Ende das Paradies sich geehrt fühlen, Sie aufzunehmen. Aber Sie haben eine höhere Berufung als das Paradies und das himmlische Jerusalem. Sie sind berufen, mit Jesus auf Seinem Thron zu sitzen, von wo aus Welten geschaffen und regiert werden, genauso wie Jesus gesiegt hat und mit

Seinem Vater auf dem Thron sitzt (Offb. 3,21). Das Paradies wird für Sie gerade nur eine Zeit der Erholung sein. Himmlische Aufgaben erwarten Sie, weil Sie Christus ähnlich geworden sind, ein Teilhaber Seiner göttlichen Natur.

* *
*

Ich habe Ihnen das Wort Gottes verkündet. Es wird Ihnen helfen, wenn Sie darauf hören.

Ich weiß nicht, ob Sie dazu gewillt sind. Aber mir hat dieses Buch geholfen.

Seit ich vor mehr als zehn Jahren in den Westen kam, habe ich ohne Unterlaß über die gegenwärtige Christenverfolgung geschrieben. Eine lange Zeit ist nun vergangen, seit ich aus den kommunistischen Gefängnissen entlassen worden bin. Aber bis jetzt sind die kommunistischen Gefängnisse aus mir nicht entlassen worden.

Ein junger Patient eines Psychotherapeuten zeichnete Dutzende von weiblichen Gesichtern, zersprungen wie zerbrochene Vasen, verwelkt wie verdorrte Blumen und mit harten, kalten Augen. Erst nachdem er ein ganzes und gesundes Gesicht gemalt hatte, wußte er, daß er geheilt werden konnte und daß er ein Maler war.

Zum erstenmal habe ich ein Buch geschrieben, dessen einziges Thema Christus ist. Dadurch bin ich geheilt worden, so daß mein Geist nicht mehr ohne Unterlaß mit dem Kommunismus und seinen Gefängnissen belastet ist.

WEITERE BÜCHER DER STEPHANUS EDITION

Richard Wurmbrand:	Gefoltert für Christus Erreichbare Höhen Antwort auf Moskaus Bibel Marx und Satan Christus auf der Judengasse
Michael Wurmbrand:	Christus oder Die rote Fahne
Sabine Wurmbrand:	Mit und ohne Richard
Shifrin:	UdSSR-Reiseführer Das Verhör
Braun:	Flug über die Grenze
Edwards:	Der Geächtete Gottes
Padberg/Lohrey	Der Griff nach den Kindern
Hartfeld:	Glaube trotz KGB
Kohls:	Jesus Christus bekennen
Barron/Paul:	Das Massaker
Hlinka:	20 + 10 Jahre danach
Valéry:	Zelle 24
Moise:	Lösegeld für Wurmbrand
Tscheng Jen-Juan:	Zerstörte Jahre
Germani/Heck	Löwe oder Bär
Stocker:	Die getrennten Reiche
Gitt/Wermke:	Schöpfung oder Evolution
Nagy:	Siehe, ich bin des Herrn Magd
Luther:	Der Kleine Katechismus